엄마는 묵상 중입니다

엄마는 묵상 중입니다

장향숙 묵상집

가족이 뭘까.

이 질문에 답을 할 수 있는 사람은 얼마나 될까. 나는 질문이 많은 데다가, 끝까지 파고들어 답을 내는 걸 좋아한다. 그러나 가족에 대한 질문에는 언제나 답을 내지 못했다.

가족끼리는 말을 하면 할수록 말이 안 통한다는 이야기가 있다. 2019년의 우리 가족이 그랬다. 죽일 듯 싸우고 나면 밥상에서 어색하게 반찬을 건네며 화해하는 것조차 할 수 없었다.

그러다 나는 가족예배를 제안했다. 엉켜버린 실뭉치는 가위로 싹둑 잘라버리면 그만일 것을, 올 하나라도 끊기지 않고 이 실뭉치를 풀어내겠다고 인내하기로 마음먹었다(라고 쓰지만, 매우 이기적이고 계산적이며 자신의 커리어밖에 모르는 서른을 앞둔 '개딸'이 갖기엔 꽤 어려운 마음가짐이었다).

이미 싫어질 대로 싫어진 사이에서, 가족예배라니… 엄마와 아빠의 반응은 예상했던 대로였다. 대화도 싫은데, 성경을 읽고 묵상을 나누고 감사제목까지 나누자고? 너 미쳤니? 직접 말은 하지 않았지만 동생 종현이의 반응도 마찬가지였다. 딱 6개월만 해보자고, 변화가 없으면 그땐 고집부리지 않겠다고 했다.

주어 없이 말하면서 서로를 대놓고 욕하기에 바빴고, 싸움으로 이어져 가족예배가 무산된 적도 많았다. 2019년 연말부터 시작한 가족예배는, 따뜻한 봄이 와도 여전히 엉망진창이었다. 계절이 지나는 게 두렵고 야속했다. 그런데 참 신기하게도 나눔의 내용이 바뀌기 시작했다.

성경은 하나님이 우리에게 주신 최고의 선물이라는 게 믿어졌다. 말씀에 생명과 회복이 있다는 걸 피부로 느낄 수 있었다. 서로의 존재가 감사의 제목이 되고, 웅어리졌던 마음이 예수님의 십자가로 풀어지는 시간을 겪었다.

> "그런즉 너희는 먼저 그의 나라와 그의 의를 구하라 그리하면 이 모든 것을 너희에게 더하시리라"(마 6:33)

가족예배를 시작할 때쯤 붙잡았던 말씀이다. 하나님의 나라와 의를 구할 테니까 제발 저를 살려내라고, 하나님한테 염치없고 교만하게 협박하듯 기도로 내뱉었다. 하나님은 보란 듯이 나의 추악한 마음조차 사랑으로 받으시고, 가정의 문제보다 더 큰 하나님의 사랑을 가족 모두가 누리게 하셨다.

책 『엄마는 묵상 중입니다』는 미련하고 바보처럼 보였던 우리 가족의 시간을 엄마의 시선으로 풀어낸 글이다. 이 책을 읽는 여러분이 하나님의 사랑의 마음을 누렸으면 좋겠다. 인생의 문제를 가지고 하나님 말씀에 어떻게 반응하는지, 하나님 앞에서 인생의 문제를 마주하는 태도가 어떻게 바뀌어 가는지 발견하길 바란다.

가정과 자기 자신의 속내를 드러내며 부단하게도 나의 잔소리를 견뎌낸 엄마에게 최고의 존경을 보낸다. 그리고 묵상의 씨앗이 된 아빠와 누구보다도 어른처럼 삶을 감내한 종현이에게 칭찬의 박수를 보낸다.

여전히 우리는 가족예배를 하고, 여전히 싸우며 화해하기를 반복한다. 그리고 나는 여전히 가족이 뭘까, 라는 질문을 한다. '가족을 모르겠다'는 게 이 질문의 답이다. 걸을 때마다 풍경이 바뀌어, 한 걸음 내디딜 재미와 용기가 생기는 것처럼 가족과 주님 안에서 걸어가는 하루하루도 그렇지 않을까.

책 『엄마는 묵상 중입니다』를 읽게 되는 당신이, 어느 누구보다도 주님과 동행하는 하루를 보내고 있는 한 사람이자 여성, 엄마의 모습을 느끼길 바라며.

김지혜

들어가는 말

　지금껏 살면서 내가 잘한 것 세 가지는, 어릴 적 꿈을 이뤄 학생들을 가르친 것, 결혼해서 아이들을 낳아 키우며 인생을 깊고 넓게 살아본 것, 그리고 하나님을 믿어 그리스도인이 된 것입니다. 이 중에 가장 기적은 하나님을 믿게 된 일입니다. 친정 식구 중 아무도 교회에 다니지 않고, 친한 친구들조차 교회에 다니지 않는데, 내가 교회에 다니며 신앙생활을 하게 된 건 하나님의 특별한 사랑과 은혜입니다.

　2019년 12월부터 매일 하나님의 말씀을 읽고 묵상하며 노트에 기록했습니다. 어떤 날은 기도로, 어떤 날은 일기로 나의 마음을 고백하며 울고 웃었습니다. 예수님의 십자가를 내 삶에 실제로 받아들였던 하루하루의 기도가 여기에 실려있습니다.

　가장 깊은 내 마음이자 솔직한 고백들이기에, 민낯이나 치부를 드러내는 것 같아 부끄럽기도 합니다. 그러나 딸 지혜와 남편의 적극적인 권유와 협조로 내 민낯을 세상에 드러냅니다. 주님께 깊이 감사드립니다.

2023년, 장향숙 씀

목차

제1부

제2부

제3부

제1부

자신을 연단하라

디모데전·후서

[디모데전서 4:7-8] 7 망령되고 허탄한 신화를 버리고 경건에 이르도록 네 자신을 연단하라 8 육체의 연단은 약간의 유익이 있으나 경건은 범사에 유익하니 금생과 내생에 약속이 있느니라

경건한 생활이 주는 유익은 현재의 삶뿐만 아니라 죽은 이후의 삶에도 적용됩니다. 왜 그럴까요? 경건한 삶의 모양은, 헛된 것을 바라지 않고 자기 자랑과 교만을 버리고 정직하고 성실하게 하나님을 바라기 때문입니다.

경건한 삶을 늘 곁에서 지켜본 후손들이 보고 배운 신앙대로 살고, 예수님의 제자가 되는 유익을 누리게 될 것이니 성경이 말한 대로 '금생과 내생에 유익'이라는 약속이 지켜지는 겁니다.

헛된 것에 마음을 빼앗기지 않으며, 수고하지 않은 채로 행운을 바라지 않으며, 경건하고 정직한 삶을 살기를. 그리고 하나님께서 기뻐하시고 하나님께 영광이 되는 삶을 살기를 오늘도 간구합니다.

[디모데전서 5:24-25, 새번역] 24 어떤 사람들의 죄는 명백해서 재판을 받기 전에 먼저 드러나고 어떤 사람들의 죄는 나중에야 드러납니다 25 이와 마찬가지로 착한 행실도 저절로 드러나게 마련이고 당장에는 드러나지 않더라도 언젠가는 드러나게 마련입니다

이떤 사람들의 죄는 너무 커서 새판받기 전에 누구나 알아차립니다. 누군가의 죄는 너무 은밀하고 눈에 보이지 않아 나중에야 드러납니다. 혹 어떤 죄는 자신만 알 수도 있습니다. 하지만 어떤 죄든 공통점이 있습니다. 시기는 다르지만, 그 크기와 상관없이 드러난다는 것입니다.

죄는 어둠이고 음침해서 보이지 않을 것 같지만 빛이신 예수님께서 비추시면 속속들이 드러나는 것입니다. 인간의 속임수로 숨긴다 해도 하늘 아버지께선 우리의 행위와 생각까지 세밀히 아십니다. 그분은 우리를 창조한 분이니까요.

착한 행실도 저절로 언젠가는 드러나게 됩니다. 착한 행실은 어둠이 아닌 빛이기 때문에 누구든지 어디서나 알게 되는 거죠. 그리스도의 자녀 된 우리는 어둠이 아닌 빛의 자녀로서 살아야 함을 묵상합니다.

[디모데후서 1:9-10] 9 하나님이 우리를 구원하사 거룩하신 소명으로 부르심은 우리의 행위대로 하심이 아니요 오직 자기의 뜻과 영원 전부터 그리스도 예수 안에서 우리에게 주신 은혜대로 하심이라 10 이제는 우리 구주 그리스도 예수의 나타나심으로 말미암아 나타났으니 그는 사망을 폐하시고 복음으로써 생명과 썩지 아니할 것을 드러내신지라

우리를 구원해주신 분은 하나님이십니다. 우리의 공로가 아니라 태초 전 하나님의 계획과 은총으로 구원받았습니다.

구원을 받고 은총을 받은 우리에게도 고난은 주어집니다. 고난이 없다면 누구도 하나님을 믿지 않았을 것입니다.

구약의 엘리야 시대에도 북이스라엘은 경제적으로 풍족했고 부러울 것이 없었으나 3년 6개월간 기근이 들어 고난을 당했습니다. 북이스라엘은 우상인 바알을 섬겼고, 심지어 당시 하나님을 믿는 사람들을 핍박하고 죽이는 죄까지 지었습니다.

하나님은 엘리야 선지자를 기근에서 건져 시냇가가 있는 곳으로 가게 하여 물을 마시게 하고, 까마귀로 빵과 고기를 물어다 주

어 살리셨습니다. 기근으로 온 땅이 고통받을 때 선지자라고 기근을 피할 수 있는 건 아닙니다.

하지만 엘리야 선지자는 죽음을 두려워하지 않았고, 영적 침체가 올 때도 하나님만을 의지하며 믿음으로 살았습니다. 이런 모습 때문에 하나님의 은총을 받은 게 아닐까요.

코로나 시기에 하나님을 등지고 떠나는 사람도 있을 것입니다. '믿음이 밥 먹여주냐'고 반문할 수도 있습니다. 당장 먹을 게 없는데 무슨 신앙생활이냐고 할 수도 있습니다.

그러나 사람의 목숨은 우리가 가진 것에 달려있지 않을 때도 있습니다. 스스로 목숨을 끊은 사람 중에는 돈과 명예, 권세와 유명을 누린 사람들도 많습니다. 차라리 죽는 게 낫다고 느낄 만큼, 영혼에 기근이 든 것입니다.

우리 영혼에 단비를 주시는 분은 하나님 한 분입니다. 그 하나님을 믿고 하나님의 사랑을 받아들일 수 있도록 마음을 점검해야겠습니다.

마음 밭을 옥토처럼 만들어 진리의 말씀을 정성껏 심어 믿음의 씨가 잘 자라도록 노력하는 새해가 되길 소망합니다.

[디모데후서 4:2] 너는 말씀을 전파하라 때를 얻든지 못 얻든지 항상 힘쓰라 범사에 오래 참음과 가르침으로 경책하며 경계하며 권하라

이 땅에 살면서 꼭 해야 할 사명은, 하나님 말씀대로 살며 그 말씀을 전하는 것 아닐까요. 하나님을 영화롭게 하고 영원토록 그분을 즐거워하는 게 우리를 구원하신 하나님의 창조 목적이기도 합니다.

자신과 가족의 행복만을 추구하다 보면, 그 행복에 매몰되어 오히려 불행해지고 시간을 헛되게 보내게 될 겁니다. 내 행복을 추구하지 말라는 게 아닙니다.

하나님 말씀을 마음에 새기고 나와 내 가족, 지인, 더 나아가 사회, 국가까지 행복해질 수 있는 하나님 시선으로 세상을 바라보라는 겁니다. 내 가족이 사랑해야 할 존재이듯 주위 사람들도 하나님이 창조한 존재입니다. 우리는 그들을 기꺼이 사랑해야 하고, 위해주며 함께 잘 살아가야 합니다.

믿지 않는 사람에게 하나님은 그저 신 중에 하나로 느껴질지도 모릅니다. 하나님은 보이지 않고 들리지 않으니까요. 하나님을 믿

는 우리의 모습을 보고 들으며, 믿지 않는 사람들은 하나님이 어떤 분인지 헤아리게 될 겁니다.

그러기에 하나님을 믿는 우리가 말씀에 비추어 살고 성령 충만한 삶을 살며 하나님 사랑을 나누어야 함을 묵상합니다.

성령의 열매

갈라디아서, 데살로니가전 · 후서

[갈라디아서 3:26-27] 26 너희가 다 믿음으로 말미암아 그리스도 예수 안에서 하나님의 아들이 되었으니 27 누구든지 그리스도와 합하기 위하여 세례를 받은 자는 그리스도로 옷 입었느니라

하나님의 자녀가 되는 길은 율법을 지킴으로 되는 것이 아니라 그리스도 예수를 믿는 믿음으로 됩니다. 하나님의 자녀는 예수 그리스도의 옷을 입었으니 그를 쫓아 살아야 할 사람입니다.

옷은 그 사람의 신분과 지위, 품격과 개성을 나타냅니다. 그리스도인은 그리스도의 향기를 품은 옷을 입은 것처럼 예수님의 향기를 내뿜으며 살아야 하겠지요.

내가 아무리 삶에 찌들어 살더라도, '하나님의 자녀'인 나의 신분을 끊임없이 기억하며 품위를 잃지 않는 그리스도의 성품을 지닌 자로 거듭나길 소망합니다.

2020년 10월 27일

[갈라디아서 4:8-9] 8 그러나 너희가 그때에는 하나님을 알지 못하여 본질상 하나님이 아닌 자들에게 종노릇하였더니 9 이제는 너희가 하나님을 알 뿐 아니라 더욱이 하나님이 아신 바 되었거늘 어찌하여 다시 약하고 천박한 초등학문으로 돌아가서 다시 그들에게 종노릇하려 하느냐

부모가 죽으면 그 유산은 자녀에게 상속되듯 하나님의 자녀는 하나님의 유산을 상속받습니다. 세상 그 어떤 것보다 큰 유산이 나에게 주어졌는데, 나는 아직도 눈과 귀와 몸을 유혹하고 편안하게 하는 것들을 더 탐하고 소유하려는 데 정신을 빼앗깁니다. 시간을 뺏기고, 에너지와 정신도 뺏기고 육체까지도 지치게 합니다.

하나님의 유산은 무엇일까요. 조목조목 항목을 따지지 않아도 가장 좋은 것으로 주신다는 것을 믿으며 감사하게 하루하루를 살겠습니다.

감사한 오늘이 매일 쌓여, 하나님 뵙는 날 '수고했다, 잘했다~' 칭찬받는 자녀가 되길 간구합니다.

21

[갈라디아서 5:22-26] 22 오직 성령의 열매는 사랑과 희락과 화평과 오래 참음과 자비와 양선과 충성과 23 온유와 절제니 이 같은 것을 금지할 법이 없느니라 24 그리스도 예수의 사람들은 육체와 함께 그 정욕과 탐심을 십자가에 못 박았느니라 25 만일 우리가 성령으로 살면 또한 성령으로 행할지니 26 헛된 영광을 구하여 서로 노엽게 하거나 서로 투기하지 말지니라

성령의 열매는 사랑, 희락, 화평, 오래 참음, 자비, 양선, 충성, 온유, 절제.

서로 사랑하기, 오래 참아주기, 넓은 마음으로 이해하고 받아주기, 어질고 착하게 서로를 대하기, 자신을 죽이고 주님께 충성하기, 부드럽고 따뜻하게 마음을 쓰기, 그리고 절제하기. 우리 삶의 모습으로 드러나도록 성령 하나님의 도우심을 기도합니다.

그리스도인의 삶을 사는 자는 자기 정욕과 욕심, 이기심을 십자가에 못 박고, 성령으로 살고 성령으로 행해야 합니다. 서로 노엽게 하지 않고 싸우지 않으며 서로 헐뜯지 않아야 함을 묵상합니다.

[데살로니가전서 3:12] 또 주께서 우리가 너희를 사랑함과 같이 너희도 피차간과 모든 사람에 대한 사랑이 더욱 많아 넘치게 하사

인생을 살면서 서로 사랑하는 목적이, 그저 우리의 관계를 좋아지게 만드는 데만 있지 않음을 묵상합니다.

주께서 우리를 사랑하셨으므로 우리가 서로 사랑해야 하고, 피차 사랑하는 게 주님께 사랑을 드리는 모습이 됩니다. 우리의 사랑이 주님의 사랑으로 돌아갈 때 하나님 앞에서 거룩하고 흠잡을 데 없는 하나님 자녀가 될 수 있음을 깨닫습니다.

주님, 저는 누군가를 사랑할 때 사람에게 초점을 두고 사랑하다가 실망하거나 좌절할 때가 있습니다. 사람에게 초점을 두지 않고 변치 않는 주님에게 초점을 맞추고 사랑하게 하옵소서.

사람으로부터 받는 인정이나 칭찬보다 주님께 인정받고 칭찬받는 데 집중하도록 살펴주시길 간구합니다.

[데살로니가전서 5:14, 새번역] 형제자매 여러분, 여러분에게 권면합니다 무질서하게 사는 사람을 훈계하고 마음이 약한 사람을 격려하고 힘이 없는 사람을 도와주고 모든 사람에게 오래 참으십시오

사도 바울은 오늘 본문을 통해 그리스도인에게 권면합니다. 그리고 바울은 권면하면서 주님의 뜻이라고 말을 더합니다. 선을 행하고 기도하며 감사하게 살라는 거죠.

평화의 하나님 아버지! 이 땅에 사는 동안 그리스도인으로서 부끄럽지 않게 살아야 하는 이유는, 하나님 앞에 서는 날 영과 혼과 몸에 흠이 없고 완전하여 하나님을 기쁘게 해드리기 위함입니다.

묵상한 대로 살아갈 수 있도록 강한 의지와 담대함을 공급하여 주시길 간절히 기도드립니다.

[데살로니가후서 3:13, 새번역] 형제자매 여러분 선한 일을 하다가 낙심하지 마십시오

오늘 하루 형제자매와 가족, 친구와 관계할 때 착한 마음과 즐거운 마음으로 대하게 하옵소서.

서로의 선한 행위를 내세우기보다 사랑하는 마음만 내세우게 하옵소서.

무슨 일에든지 오해가 있으면 바로 풀게 하시고 마음에 오래 간직해서 미움의 씨앗으로 남기지 않게 하옵소서.

상대의 허물을 기억하기보다 좋은 점을 찾아 추억하게 하옵소서.

가족이나 친구에게 무조건 인내하게 하시고 실망하거나 낙담하지 않게 마음을 단단히 붙잡아주옵소서.

사랑은 세상의 으뜸

고린도전·후서

[고린도전서 4:4-5, 새번역] 4 나는 양심에 거리끼는 것이 없습니다 그러나 이런 일로 내가 의롭게 된 것은 아닙니다 나를 심판하시는 분은 주님이십니다 5 그러므로 여러분은 주께서 오실 때까지는, 아무 것도 미리 심판하지 마십시오 주께서는 어둠 속에 감추인 것들을 밝히 나타내시고, 마음의 속생각을 드러내실 것입니다 그때에 사람마다 하나님으로부터 칭찬을 받을 것입니다

양심에 거리낌 없이 사는 사람이 주위에 참 많습니다. 대부분이 그렇게 살고 있다고 자부할지도 모릅니다.

하지만 사도 바울은 양심에 거리낌 없는 삶이 의롭게 사는 삶은 아니라고 말합니다. 왜냐면 우리의 심판은 세상 법이나 사람들에게 달린 것이 아니라 하나님께 있기 때문이죠. 모든 것을 밝히시고 우리들의 마음속 생각을 드러내시는 분은 하나님 한 분뿐이니 우리는 서로의 심판자가 될 수 없는 겁니다.

하나님은 우리의 행동과 생각, 마음의 깊숙한 곳까지 다 들여다 보시는 분입니다. 하나님은 거짓된 것들을 다 밝히시며 심판하실 줄 믿기에 오늘도 주님 앞에서 정직하게 살아가야 함을 묵상합니다.

[고린도전서 6:17-20, 새번역] 17 그러나 주님과 합하는 사람은 그와 한 영이 됩니다 18 음행을 피하십시오 사람이 짓는 다른 모든 죄는 자기 몸 밖에 있는 것이지만, 음행을 하는 자는 자기 몸에다가 죄를 짓는 것입니다 19 여러분의 몸은 여러분 안에 계신 성령의 성전이라는 것을 알지 못합니까? 여러분은 성령을 하나님으로부터 받아서 모시고 있습니다 여러분은 여러분 자신의 것이 아닙니다 20 여러분은 하나님께서 값을 치르고 사들인 사람입니다 그러므로 여러분의 몸으로 하나님을 영화롭게 하십시오

그리스도인은 예수를 믿기에 성령이 우리 안에 있고 주와 합한 자가 된 것입니다. 예수의 영이 우리 안에 있고, 우리의 영이 예수 안에 있기에 우리의 몸은 거룩한 성전인 거죠. 거룩한 성전인 우리 몸에 우린 무엇을 쌓아두고 있는 걸까요?

탐욕과 이기심, 자기 자랑과 교만, 거짓과 술수, 도둑질과 간음과 음욕을 품고, 술 취하고 도박하며 온몸이 쓰레기장이 되었습니다. 쓰레기장이 된 몸엔 악취가 나고 벌레가 들끓고 있어 누구도 감히 손댈 수 없을 지경이 되었습니다. 자신의 힘으로 쓰레기 더미를 없앨 능력도 없기에 인간은 비참하고 나약하게 살다가 죽을 수밖에 없습니다.

그러나 하나님 우리의 아버지께서 무한한 사랑과 자비로 쓰레기 더미 속에 살고 있는 우리를 긍휼히 여기십니다. 잠잠히 우리를 바라보시며, 도움을 요청하며 울부짖어 기도하는 우리에게 강한 손을 내미십니다.

구해주시는 하나님, 상처와 아픔을 치료해주시는 하나님, 회복시켜주시는 하나님을 믿으며 살아가겠습니다.

혼자서 일어날 수 없기에 믿음의 동역자와 서로 교제하며 주님의 손을 꼭 잡고 성실하게 살아내야 함을 묵상합니다.

[고린도전서 7:23, 새번역] 여러분은 하나님께서 값을 치르고 사신 사람입니다 그러므로 사람의 노예가 되지 마십시오

우리를 사신 분은 하나님이니 우리는 하나님의 뜻대로 살아야 함을 묵상합니다.

하나님께선 우주 만물을 창조하셨고 모든 피조물이 창조 목적에 맞게 살길 원하실 것입니다. 그 목적에 맞는 삶의 모양은 하나님의 영광을 위해서 살며, 가치 있고 아름다워야 할 겁니다. 자신만을 위해 사는 삶이 아니라 하나님을 위하고 이웃을 사랑하는 삶일 테죠.

하나님을 바라보며 사는 삶은 세상적인 욕심과 방탕함, 거짓됨과 자기 사랑을 절제할 수 있습니다. 이웃을 바라보며 위하는 마음으로 살면 이기적인 마음을 내려놓을 수 있습니다.

주님! 오늘 이 아침 내가 주님의 소유이고 예수 그리스도의 피 값으로 하나님의 자녀 된 것을 잊지 않게 도와주옵소서. 창조 목적에 맞는 사람다운 사람으로 살아가게 하옵소서.

[고린도전서 12:26, 새번역] 한 지체가 고통을 당하면, 모든 지체가 같이 고통을 당합니다 한 지체가 영광을 받으면, 모든 지체가 함께 기뻐합니다

우리 몸은 여러 지체로 되어있습니다. 보는 것, 듣는 것, 말하는 것, 생각하는 것, 걷는 것, 잡는 것 등 무수한 지체가 제각각 역할을 합니다. 몸의 한 부분이 아프면 다른 부분도 영향을 받아 불편하고 그 기능을 다하지 못합니다. 우리 몸은 유기적으로 유익을 추구합니다.

하나님이 이 세상을 창조하실 때 우리는 그리스도의 몸을 구성하는 한 지체가 되었습니다. 각 사람에게 은사와 기능을 주셨기에 형제자매가 각자의 본분과 자기 직분에 맞게 협력하여 선을 이루시길 원하십니다.

하나님께선 그리스도에 접붙여진 성도 하나하나가 분열이 생기거나 싸우길 원하지 않으십니다. 각자 서로의 자리에서 고통과 슬픔을 함께 나누며 감사함으로 살아야 함을 묵상합니다.

[고린도전서 13:13] 그러므로 믿음, 소망, 사랑, 이 세 가지는 항상 있을 것인데 그중의 제일은 사랑이라

사랑이 가장 위대하고 제일인 이유는, 실천이 따라야 하기 때문인 것 같습니다. 사랑은 마음만으로 되지 않습니다. 희생과 섬김이 따라야 진정한 사랑임을 알 수 있는 것만 봐도요.

사랑은 오래 참고, 사랑은 온유하며, 사랑은 성내지 않으며, 사랑은 시기하지 않으며, 사랑은 악한 것을 생각하지 않으며, 사랑은 진리를 기뻐해야 하기에 위대합니다.

이런 사랑을 실천하신 분은 예수님입니다. 예수님은 교회의 머리가 되시며 예수의 머리는 하나님이시니 하나님은 사랑이십니다.

오늘 하나님의 사랑을 마음에 품고 실천해보는 하루가 되길 소망합니다.

[고린도후서 1:22, 새번역] 하나님께서는 또한 우리를 자기의 것이라는 표로 인을 치시고, 그 보증으로 우리 마음에 성령을 주셨습니다

하나님을 믿는 사람에겐 그 증표로 마음속에 성령을 보내주셨습니다. 성령 충만한 은혜가 우리 안에 거할 때 우리 삶은 고단하나 희망과 감사가 넘칠 것입니다. 성령 충만할 때 모든 것이 선을 이루며 하나님을 영광스럽게 할 것입니다.

하지만 성령의 은혜가 떨어지고 사라졌을 때는, 세상 자랑과 자기 정욕에 정신이 혼미하고 죄악에 빠져서 자신을 바로 세울 수 없는 삶을 삽니다.

'구하는 자에게 주시겠다' 하셨으니 오늘도 하나님께 은혜를 구합니다.

[고린도후서 2:14-15, 새번역] 14 그러나 그리스도의 개선 행렬에 언제나 우리를 참가시키시고, 그리스도를 아는 지식의 향기를 어디에서나 우리를 통하여 풍기게 하시는 하나님께 감사를 드립니다 15 우리는 구원을 얻는 사람들 가운데서나, 멸망을 당하는 사람들 가운데서나, 하나님께 바치는 그리스도의 향기입니다

주님의 향기는 어떻게 생기는 것일까요?

꽃들이 향기를 어찌 풍기는지 살펴보면 답이 보입니다. 좋은 땅에서 적절한 물과 햇빛을 받고 적절한 온도, 공기가 있으면 꽃은 만발할 테고 진한 향기가 풍기겠지요.

자신이 서 있는 땅에서 말씀을 먹고 성도와 교제하며, 하나님과 친밀하게 대화하고, 주님을 찬양하고 예배드리며, 더 나아가 복음을 전하면서 살아갈 때 나에게도 그리스도의 향기가 풍길 줄 믿습니다.

오늘 하루도 그리스도의 향기를 품고 그 향기를 누군가에게 전하는 삶을 살도록 인도하옵소서.

[고린도후서 4:16-18, 새번역] 16 그러므로 우리는 낙심하지 않습니다 우리의 겉사람은 낡아가나, 우리의 속사람은 날로 새로워집니다 17 지금 우리가 겪는 일시적인 가벼운 고난은, 비교할 수 없을 정도로 영원하고 크나큰 영광을 우리에게 이루어줍니다 18 우리는 보이는 것을 바라보는 것이 아니라, 보이지 않는 것을 바라봅니다 보이는 것은 잠깐이지만, 보이지 않는 것은 영원하기 때문입니다

세상의 모든 것은 영원한 게 하나도 없습니다. 물리적인 힘과 압력을 가하지 않아도 빛과 바람, 거센 비와 눈을 맞지 않아도 낡아지고 달아지며 늙어 사라집니다. 그래서 인간은 다가오는 미래에 낙심하고 두려워하며 안타까워합니다.

하지만 예수님을 믿는 나는 낙심하지 않습니다. 인생이 비록 안개나 이슬처럼 사라진다 해도 성령을 받았기 때문에, 속 사람이 날로 새로워지고 알차져서 보이지 않는 것을 사모하게 되고 영원히 살기 때문입니다.

속사람이 나날이 성숙하고 성화되는 것이 삶의 기쁨입니다. 이보다 더 멋진 인생의 아름다움이 있을까요.

[고린도후서 5:18-19, 새번역] 18 이 모든 것은 하나님에게서 났습니다 하나님께서는 그리스도를 내세우셔서, 우리를 자기와 화해하게 하시고, 또 우리에게 화해의 직분을 맡겨주셨습니다 19 곧 하나님께서 사람들의 죄과를 따지지 않으시고, 화해의 말씀을 우리에게 맡겨주심으로써, 세상을 그리스도 안에서 자기와 화해하게 하신 것입니다

우리는 세상 법을 잘 지키고 성실히 잘 살면 죄인이 아니라고 항변합니다.

아담과 하와는 도둑질하고 간음하며 누군가를 죽여서 죄인이 된 것이 아닙니다. 그들은 먹음직도 하고 보암직도 한 에덴동산의 사과, 하나님이 '그것만은 먹지 말라'고 한 것을 먹었습니다.

사과 하나 먹은 게 뭐 그리 큰 죄일까? 궁금해집니다.

그 사과는 그냥 사과가 아니라 하나님이 먹지 말라 명령한 사과입니다. '먹으면 죽는다'고 한 사과입니다. 하나님의 명령을 거역하고 자신의 판단과 선택을 믿고 행한 게 하나님 보시기에 죄입니다. 하나님의 명령 따윈 그다지 중요한 게 아니라는 마음이 깔

린 게 핵심입니다. 하나님의 말씀을 무시한 거죠.

하나님께선 우리 스스로 죄에서 구원할 수 없음을 아시고, 당신의 독생자 예수 그리스도를 십자가 위에 못 박혀 죽게 하셨습니다. 그리고 죄인 된 우리를 그리스도의 옷을 입혀 의인 삼아주셨습니다. 우리의 죄는 예수님의 십자가로 사함받았습니다.

예수 그리스도로 인해 인간과 하나님이 화해했듯, 하나님은 우리가 서로 화해하기를 원하십니다. 갈등 속에 있는 가족과 친구, 직장 동료와 미움을 벗어던지고 화해해야 합니다.

그리스도가 우리를 위해 죽음으로 희생했듯이 우리는 상대방을 위해 무엇을 어떻게 해야 할까요?

상대방을 십자가에 못 박으려 애쓰지 말고, 내 민낯을 먼저 보며 용납하고 품을 수 있어야 합니다. 주님의 마음을 닮기를 묵상합니다.

[고린도후서 6:16-17, 새번역] 16 하나님의 성전과 우상이 어떻게 일치하겠습니까? 우리는 살아 계신 하나님의 성전입니다 그것은 하나님께서 말씀하신 바와 같습니다 "내가 그들 가운데서 살며, 그들 가운데로 다닐 것이다. 나는 그들의 하나님이 되고, 그들은 내 백성이 될 것이다" 17 "그러므로 너희는 그들 가운데서 나오너라 그들과 떨어져라. 부정한 것을 만지지 말아라. 나 주가 말한다. 그리하면 내가 너희를 영접할 것이다"

하나님께선 우리가 살아있는 성전이라 하십니다.

성도에게 성령이 임하고, 하나님이 우리 가운데 살며, 우리는 하나님의 백성이 될 거라고 주님은 말씀하십니다.

그러므로 부정한 것에 손대지 말고 떨어져 있으라고 합니다. 하나님이 아닌 우상을 가까이하지 말라는 겁니다. 그 우상은 우리의 주(主)가 될 수 없고 우리에게 생명과 사랑을 심어주지 않습니다.

우상 숭배는 그저 자기의 욕심과 이기심을 채우기 위한 한낱 도구입니다. 하나님의 성전이 된 내 몸과 마음에 부정하고 거짓된 우상을 담지 말아야겠습니다.

2020년 12월 14일

[고린도후서 8:14-15, 새번역] 14 지금 여러분의 넉넉한 살림이 그들의 궁핍을 채워주면, 그들의 살림이 넉넉해질 때에 그들이 여러분의 궁핍을 채워줄 수도 있을 것입니다. 이렇게 하여 평형이 이루어지는 것입니다 15 이것은 성경에 기록하기를 "많이 거둔 사람도 남지 아니하고, 적게 거둔 사람도 모자라지 아니하였다" 한 것과 같습니다

소경과 절름발이가 우연히 만나 여행을 하게 되었습니다. 소경은 앞이 안 보이지만 다리는 튼튼했습니다. 절름발이는 눈이 좋았으나 걷지를 못했습니다.

두 사람이 여행을 하려면, 서로의 도움이 절실히 필요했습니다. 그래서 소경이 절름발이에게 '내가 당신의 발이 되어줄 테니 당신은 나의 눈이 되어 달라' 부탁하였습니다. 소경은 절름발이를 업고 그가 안내하는 대로 길을 떠날 수 있었습니다.

그들은 서로 도우며 무사히 긴 여행을 마쳤습니다. 재산의 많고 적음이 아니라 부족한 것을 채워주는 따뜻한 사랑과 믿음이 있었기에 가능했습니다.

저에게 '구제'는 아직 남이나 할 법한 일처럼 느껴집니다. 남을

돕는 일은 많이 가진 자, 즉 부유한 자나 능력이 있는 자가 해야 한다고 생각해서 그런 것 같습니다. 내 삶도 힘들고 어려운데 누굴 돕고 베풀며 살라는 건지, 라는 솔직한 마음도 있습니다.

그러나 하나님은, 넉넉한 살림이든 가난한 살림이든 누군가를 위한 구제는 형편에 맞게 하는 것이지 없는 것까지 바치는 것을 바라지 않는다고 하십니다.

구제는 돈과 물질만으로 한정할 수 없습니다. 돈과 물질 외에도 사랑, 믿음, 용기, 능력, 넉넉한 마음, 의로움 등 눈에 보이지 않는 것을 나누는 것도 포함될 겁니다.

각자 가진 달란트를 서로 나누고 베풀 때 세상은 평형을 이루고 하나님이 세상을 창조하신 목적을 이루어나갈 줄 믿습니다.

[고린도후서 13:4-5] 4 그리스도께서 약하심으로 십자가에 못 박히셨으나 하나님의 능력으로 살아계시니 우리도 그 안에서 약하나 너희에게 대하여 하나님의 능력으로 그와 함께 살리라 5 너희는 믿음 안에 있는가 너희 자신을 시험하고 너희 자신을 확증하라 예수 그리스도께서 너희 안에 계신 줄을 너희가 스스로 알지 못하느냐 그렇지 않으면 너희는 버림받은 자니라

그리스도께서는 기적을 베푸시고 아픈 자를 낫게 하셨으며 가난한 자를 도우셨습니다. 뭐든 하실 수 있는 분이고 능력이 있으셨지만, 인간의 몸을 입으셨기에 약하셨습니다. 사탄의 시험을 물리쳤으나 십자가에 달려 죽임을 당하셔야 했습니다.

그렇게 예수님께선 십자가에 못 박혀 죽으심으로 우리 죄를 사해주시고, 우리를 죄에서 구원해주셨습니다. 예수님은 십자가를 감당할 이유가 없었는데도 왜 그렇게 하셨을까요? 예수님의 모습은, 하나님께 드리는 최고의 순종이며 하나님의 무한한 사랑을 가르쳐주시기 위함이 아니었을까 묵상해봅니다.

순종 없이 믿음을 증거할 수 없고, 희생 없이 사랑을 어찌 표현할 수 있을까요?

사랑한다며 온갖 선물과 애정 공세를 펼친들, 정작 그가 아프거나 죽어갈 때 내다보지 않는다면 어찌 사랑이라 할 수 있을까요. 사랑엔 무한한 희생과 책임이 따릅니다.

하나님은 우리를 위해 독생자를 내어주시기까지 사랑하셨습니다. 우리를 무한히 사랑하시고 책임져주십니다. 몸 둘 바 없는 주님의 사랑에 대한 방증으로, 하나님은 연약하고 죄인인 우리에게 다시 하나님을 믿고 따를 힘을 주십니다.

주님은 불신자에게도 일반적인 은혜와 사랑으로 부귀영화도 주시고 지혜도 주십니다. 그러나 불신자들은 세상을 떠나 하늘 문을 통과할 수는 없습니다.

오늘 하루 나는 그리스도 예수를 품고 살고 있는지 점검합니다. 나는 약하고 악하기도 하지만, 주님을 믿음 안에서 다시 주님께 시선을 돌리기를 소망합니다.

사랑과 인내, 감사

골로새서, 디도서

[골로새서 3:15] 그리스도의 평강이 너희 마음을 주장하게 하라 너희는 평강을 위하여 한몸으로 부르심을 받았나니 너희는 또한 감사하는 자가 되라

세상 무엇보다 귀한 삶은, 주님이 주신 평안한 마음을 지니고 시는 것입니다.

하나님은 화평하고 평안한 마음을 위해 우리가 먼저 오래 참고 친절하며 온유하라고 하십니다. 다툴 일이 있으면 피차 용서하고 그 위에 사랑까지 하라고 하십니다. 그래야 주님의 자녀로 평안히 살 수 있기 때문입니다. 화평한 맘이 있어야 감사가 넘치고 감사해야 찬송도 할 수 있습니다.

시편 150장 1-6절에는 '찬양'이라는 단어가 열세 번이나 나옵니다. 이렇게 하나님을 찬송하는 삶이 이루어질 때 하나님께선 우리에게 하늘의 상을 유산으로 주신다고 했습니다.

하늘의 상을 받기 위해 이 땅에서 화평하고 감사하는 삶을 살며 찬송하는 삶을 살길 기도합니다.

[골로새서 4:2] 기도를 계속하고 기도에 감사함으로 깨어있으라

메리 크리스마스~!

예수님 탄생을 기쁨으로 맞이하며 하루를 엽니다. 우리를 구원하기 위해 이 땅에 오신 예수님. 가장 낮은 곳에서 탄생하시고 가장 높은 하늘 보좌에 오르시기까지 성령이 충만하였음을 믿습니다.

예수 그리스도와 연합한 자로서 이 땅에 사는 동안 낮은 자리에 있게 하시고 모든 영광은 예수 그리스도께 올려드리는 삶을 살게 도와주옵소서.

성경을 매일 읽고 묵상하게 하시고 새벽 제단을 쌓으며 감사함으로 기도하는 삶을 살게 하옵소서. 아멘.

[디도서 1:5] 내가 너를 그레데에 남겨둔 이유는 남은 일을 정리하고 내가 명한 대로 각 성에 장로들을 세우게 하려 함이니

디도서는 바울이 크레타 섬에 남아있는 디도에게 쓴 편지입니다. 편지를 통해 각 성읍에 장로를 세우는 일을 하도록 지시하고, 장로가 될 자격에 대해 말하고 있습니다.

장로는 손님 접대를 잘하고, 선행을 좋아하며, 신중하고, 의로우며, 경건하고, 자제력이 있으며 주님의 말씀을 굳게 지키는 사람이어야 한다고 합니다. 하나님의 청지기는 이런 사람이어야 하며 그 가르침을 따르는 우리 성도도 당연히 그렇게 살아야 함을 가르치고 있습니다.

오늘 하루 나를 스쳐 가는 사람들에게 선행을 실천하길 기도합니다. 친절한 인사와 고운 말을 하여 상대를 기분 좋게 만들길 기도합니다.

[디도서 2:2] 늙은 남자로는 절제하며 경건하며 신중하며 믿음과 사랑과 인내함에 온전하게 하고

예전엔 우리가 서로 헐뜯고 싸움질하며 살았습니다.

이제 싸움을 멈추고 온순한 사람이 되어 누구에게나 온유하게 대하길 기도합니다. 증오와 미움을 걷어내고 이제 헛된 말다툼과 분쟁을 멈추고 살길 기도합니다.

나는 연약하고 잘못된 길로 가려는 습성이 있지만, 하나님께서 성령을 부어주셨으므로 주님을 믿고 바르게 선하게 살길 기도합니다.

살아있는 하나님의 말씀

히브리서

[히브리서 1:2] 이 모든 날 마지막에는 아들을 통하여 우리에게 말씀 하셨으니 이 아들을 만유의 상속자로 세우시고 또 그로 말미암아 모 든 세계를 지으셨느니라

히브리서 1장은 예수님의 정체성을 여실히 보여줍니다. 하나님 은 예수님을 자신의 아들이라고 칭하시며, 만물의 상속자로 세우 셨습니다.

예수님은 하나님의 빛이자 본질입니다. 십자가를 지심으로 인 간의 죄를 사해주셨고, 하나님 우편에 앉아계십니다.

존귀하고 영원하신 예수님께선 우리를 위해 중보기도 해주십 니다. 우리가 교만과 자기 사랑에 빠져 헤어나오지 못할 때마저 도, 잠잠히 기다리시며 우리를 향해 손을 내미십니다.

날마다 기도하며 묵상하며 말씀을 가까이합니다. 예수님께서 주신 우리를 향한 각자의 소명을 발견할 수 있길 소망합니다.

[히브리서 3:12-14, 새번역] 12 형제자매 여러분, 여러분 가운데에 믿지 않는 악한 마음을 품고서, 살아계신 하나님을 떠나는 사람이 아무도 없도록, 여러분은 조심하십시오 13 '오늘'이라고 하는 그날그날, 서로 권면하여, 아무도 죄의 유혹에 빠져 완고하게 되지 않도록 하십시오 14 우리가 처음 믿을 때에 가졌던 확신을 끝까지 가지고 있으면, 우리는 그리스도께서 주시는 구원을 함께 누리는 사람이 될 것입니다

'하나님을 믿는다'는 의미는, 하나님이 나를 창조하시고 만물을 창조하신 분임을 확신하는 것입니다.

십계명을 지키지 않는 게 '죄'라는 건 누구나 압니다. 그러나 정작 하나님을 내 마음에 두지 않는 것, 하나님을 생각조차 안 하는 것이 큰 죄임을 알지 못하는 사람들이 있습니다.

'하나님을 믿지 않는 자 중에도 도덕적이며 선량한 사람이 많은데 그들은 죄인입니까?'라는 질문에 대한 답도 마찬가지입니다. 그들 역시 죄인입니다. 왜냐하면 그들은 하나님을 만물의 창조주로 믿지 않고 자신의 양심대로만 살기 때문입니다. 즉 하나님을 마음에 두지 않는 죄인입니다.

하나님은 누구에게나 일반적인 은혜를 주어 살아가게 하지만, 그리스도인에게는 일반적인 은혜 외에 특별한 은혜를 부어주십니다. 하나님을 믿기만 하면, 우리의 영혼이 곤고하고 슬픔과 고통에 빠져있을 때 위로와 용기와 새 생명과 사랑을 부어주셔서 살아가게 하십니다.

믿든, 믿지 않든, 우리는 날마다 죄의 유혹을 받습니다. 죄의 본성을 타고난 연약한 존재이기 때문입니다.

그래서 날마다 예수님의 십자가 보혈을 의지하며, 하나님께 은혜를 구해야 합니다. 오늘도 성령의 은혜를 깊이 구합니다.

[히브리서 4:12-13] 12 하나님의 말씀은 살아있고 활력이 있어 좌우에 날 선 어떤 검보다도 예리하여 혼과 영과 및 관절과 골수를 찔러 쪼개기까지 하며 또 마음의 생각과 뜻을 판단하나니 13 지으신 것이 하나도 그 앞에 나타나지 않음이 없고 우리의 결산을 받으실 이의 눈앞에 만물이 벌거벗은 것 같이 드러나느니라

코로나로 사람들은 사회적 거리 두기를 하고 마스크를 끼고 손을 자주 씻습니다. 코로나 균을 물리치기 위해서 말이지요. 혹시라도 감염되면 본인뿐만 아니라 가족이 고통을 당해야 하고, 낫는다 해도 후유증을 얻게 되거나 죽을 수도 있기 때문입니다.

죽느냐 사느냐가 달렸기에 누구나 방역을 열심히 지킵니다. 하지만 마음에 들어오는 균, '죄'에 대해서는 거리 두기를 하는지 생각해봐야겠습니다.

물질을 더 얻기 위해 누군가를 해치고 괴롭히며 도둑질하는지 않는지, 타인의 관심을 더 받기 위해 양심과 도덕에 반하여 도를 벗어나지 않는지 자신을 돌아봐야 합니다.

하나님을 믿지 않는 자도 도리를 반듯하게 지켜 살아갑니다. 하

나님께선 모든 사람에게 양심과 선량한 마음을 주셨기 때문입니다.

죄에 빠질 때 자신을 보여줄 수 있는 거울은 하나님의 말씀입니다. 말씀은 살아있고 힘이 있으며 날카로워서 우리의 마음과 혼과 영 그리고 관절과 골수까지 쪼갭니다.

하나님 말씀을 내게 장착시켜, 날카로운 칼처럼 죄를 베어내길 원합니다. 오늘도 말씀으로 무장하도록 힘 주시고 능력 주시길 간절히 기도합니다.

[히브리서 7:25, 새번역] 따라서 그는 자기를 통하여 하나님께 나아오는 사람들을 완전하게 구원하실 수 있습니다 그는 늘 살아계셔서 그들을 위하여 중재의 간구를 하십니다

큰 죄를 지은 죄인은 왕을 대면하면 죽게 될 겁니다. 감히 왕 앞에 니갈 치지가 아니기 때문이죠.

죄인인 우리 역시 마찬가집니다.

그러나 하나님은 우리를 끝까지 사랑하시기에 포기하지 않으시고 독생자 예수를 화목제물로 삼아 우리를 만나주셨습니다. 즉, 예수님이 우리 죄를 단번에 사해주시고, 의인으로 칭해주셨기 때문에 예수님을 징검다리 삼아 하나님을 만날 수 있는 겁니다.

우리는 예수님과 만남으로 죄 사함과 구원을 얻었습니다. 오늘도 살아계신 예수 그리스도를 믿으며 그 이름으로 기도합니다.

[히브리서 11:31] 믿음으로 기생 라합은 정탐꾼을 평안히 영접하였으므로 순종하지 아니한 자와 함께 멸망하지 아니하였도다

히브리서 11장은 하나님을 믿는 믿음의 사람들에 대한 이야기입니다. 그중 창녀 라합이 눈에 띕니다.

그녀는 가나안을 탐지하러 온 정탐꾼을 숨겨준 대가로, 하나님을 거역하는 자들이 겪는 멸망을 당하지 않았습니다. 창녀 라합이 정탐꾼을 숨기려고 미리 은신처를 만든 것도 아니었고, 정탐꾼이 창녀 라합을 전적으로 믿을 만큼 확신도 없었는데, 이들의 만남은 생명을 살리는 결과를 냈습니다.

우연한 만남일지라도 만남의 주권자는 하나님입니다. 그리고 하나님을 믿는 사람들과의 만남은 얼마나 소중한지 모릅니다. 이는 고단한 인생길에서 위로가 되며, 우리를 생명의 길로 인도해주기 때문입니다.

오늘도 주님께서 만남의 축복을 주시길 기도드립니다.

[히브리서 13:16] 오직 선을 행함과 서로 나누어주기를 잊지 말라 하나님은 이 같은 제사를 기뻐하시느니라

하나님께서 기뻐 받으시는 제사는 '형제가 서로 꾸준히 사랑하며 서로 나누며 서로 선을 행하는 제사'입니다. 주님은 나그네처럼 잠깐 스쳐 가는 자에게도 대접을 소홀히 하지 말라고 하십니다. 자기도 모르게 천사를 대접할 수 있기 때문입니다.

'과연 하나님은 제사를 통해 무엇을 원하시는 걸까' 생각해봅니다. 제사엔 피 흘림이 있고, 그 피에는 더러움을 깨끗함으로 전환하는 힘이 있습니다. 깨끗한 상태, 거룩해진 상태가 되어야 거룩한 하나님과 교제할 수 있으니, 우리를 거룩하게 하심으로 우리를 구원하시고 새 생명을 주시는 것입니다.

이제 세상적 유희나 물질적 소유, 자기 사랑에서 멀어져야 합니다. 가진 것을 나누고 도우며 서로 사랑하는 것, 즉 하나님은 삶으로 드리는 산 제사를 기뻐 받으실 줄 믿습니다.

하나님의 자녀다움

에베소서, 빌립보서, 야고보서

[에베소서 1:12-14, 새번역] 12 그것은 그리스도께 맨 먼저 소망을 둔 우리로 하여금 하나님의 영광을 찬미하는 사람이 되게 하시려는 것이었습니다 13 여러분도 그리스도 안에서 진리의 말씀 곧 여러분을 구원하는 복음을 듣고서 그리스도를 믿었으므로, 약속하신 성령의 날인을 받았습니다 14 이 성령은, 하나님의 소유인 우리가 완전히 구원받을 때까지 우리의 상속의 담보이시며, 우리로 하여금 하나님의 영광을 찬미하게 하십니다

죄인이었던 우리는, 예수그리스도의 십자가 보혈로 죄 사함을 받고 구원을 받았습니다.

구원받은 즉시 우리는 하나님의 백성이자 자녀가 되었고, 주님은 하늘 보좌의 상속을 우리에게 주십니다. 하나님이 주시는 상속이 무엇이길래 기뻐 찬양할 수밖에 없을까요.

하나님께서 주시는 상속은 눈에 보이지 않으나 영혼으로 볼 수 있는 것이며, 귀로 들리지 않으나 영혼으로 들을 수 있으며, 없는 것 같으나 영원히 있어서 우리의 마음을 채워주는 것입니다.

슬픔 중에도 끝까지 슬퍼하다가 마음 상하지 않도록 위로해주

시고, 불행 중에도 너무 비관해서 나락으로 떨어지지 않게 하시며, 환난 중에도 지쳐서 도망가지 않으며 죄에 빠져 헤맬 때조차 하나님을 찾아 살아내게 하십니다.

나를 살리신 하나님의 마음이, 하늘의 상속이 아닐까 생각합니다.

지친 영혼에 믿음으로 위로를 주시고 기쁨을 주시고 새 생명과 사랑을 주신 하나님을 찬양합니다. 하나님을 사랑합니다.

[에베소서 4:29] 무릇 더러운 말은 너희 입 밖에도 내지 말고 오직 덕을 세우는 데 소용되는 대로 선한 말을 하여 듣는 자들에게 은혜를 끼치게 하라

오늘 하루 더러운 말, 쓸데없는 말, 거짓된 말, 나쁜 말을 입 밖으로 내지 않도록 기도합니다. 상대방이 거칠고 나쁜 말을 할 땐 듣고 바로 잊게 하시고 마음에 미움을 갖지 않게 도와주시옵소서.

유익한 말, 친절한 말, 기쁨이 넘치는 말로 상대에게 은혜를 끼치게 기도합니다. 친절하고 예쁜 말을 할 때는 기쁜 마음을 전하게 하시고 사랑이 넘치도록 인도하여주옵소서.

오늘 제 입술에 문지기를 세워서 조용하고 잠잠한 하루가 되길 간구합니다.

[에베소서 6:1-2] 1 자녀들아 주 안에서 너희 부모에게 순종하라 이 것이 옳으니라 2 네 아버지와 어머니를 공경하라 이것은 약속이 있 는 첫 계명이니

오늘 말씀은, 언뜻 보면 부모에게 효를 강조한 듯 보이지만 전 제가 있습니다. '주 안에서 그러하라'는 겁니다. 결국, 주를 믿는 믿음 안에서 부모에게 순종하라는 이야깁니다.

인간은 태어날 때부터 불완전하고 연약한 존재이기에 누군가 의 도움 없이 살아갈 수 없습니다. 세상에 나오자마자 탯줄을 끊 어준 사람, 피범벅 된 온몸을 씻어준 사람, 젖을 먹인 사람, 진자 리 마른자리를 갈아준 사람, 가르침을 준 사람 등. 우리는 부모와 가족, 형제, 친구, 이웃, 그리고 사회 공동체의 도움을 받습니다.

인생의 첫 도움은, 육신의 부모로부터 시작됩니다. 부모에게 작 은 순종과 공경은 마땅한 것이겠죠. 눈도 뜨지 못하는 신생아 시 절, 100% 불완전하고 무력한 상태일 때 부모는 자녀를 사랑으로 보살피며 키웁니다. 그 이유 하나만으로도 부모는 공경의 대상이 됩니다.

정성과 사랑으로 자녀를 키우면 공경을 받을 것 같지만, 자녀들은 그 정성과 사랑을 잊기도 하는 연약한 존재입니다. 그 때문에 하나님은 '부모에게 공경하라'고 하시는 게 아닐까요.

자식이 커갈수록 부모는 연로하고 병들며 모든 것이 약해집니다. 외모는 점점 초라해지고 지위나 명예도 없어집니다. 신생아가 그랬듯 100% 불완전하고 무기력한 상태가 되어가는 것입니다.

공경은 상대를 높임에서 시작합니다. 모든 면에서 낮아진 부모를 다시 세워주는 게 공경입니다. 하나님은 부모를 공경할 때 반드시 이 땅에서 잘되고 장수하리라 약속하셨습니다.

하나님 아버지! 부모를 공경하도록 제 마음을 순수하게 하시고 낮아지게 인도하여주소서.

[빌립보서 1:2] 하나님 우리 아버지와 주 예수 그리스도로부터 은혜
와 평강이 너희에게 있을지어다

하나님 아버지, 요 며칠 제 마음과 생각이 상대방을 비난하고
조롱하며 정죄하느라 지쳐있습니다. 쓰레기와 오물로 가득 찬 시
궁창에 빠진 듯, 한 주의 삶이 불결하고 죄에서 헤어나오기 힘들
었습니다.

제 자존심과 이기심 때문에 상대방을 순수한 맘으로 바라보지
못했고, 스스로 정죄하며 진흙탕 속에 심신을 가두고 말았습니다.
배려하고 이해하며 상대를 존중했어야 했는데 상대의 티끌이 가
시처럼 보여 오히려 더 큰 가시로 상대를 찔렀습니다.

하나님 아버지! 상대를 이기려고 한 걸음도 물러서지 않았습니
다. 용납하지 않았습니다.

저의 옹졸한 마음을 제힘으로 넓힐 수 없어서, 주님께 애원합니
다. 제 마음을 넓혀주시고 너그러운 마음으로 상대를 대하도록 은
혜를 내려주시옵소서.

저를 지으시고 저를 가장 잘 아시는 하나님 아버지! 사람의 지혜와 위로로 시궁창 같은 마음이 회복되지 못함을 압니다. 주님의 완전하고 강력한 권능으로 은혜와 평강을 덧입혀주시옵소서. 오늘 하루도 주 하나님 아버지를 믿고 의지하며 후회 없는 삶을 살도록 이끌어주옵소서.

[빌립보서 4:6-7] 6 아무것도 염려하지 말고 다만 모든 일에 기도와 간구로 너희 구할 것을 감사함으로 하나님께 아뢰라 7 그리하면 모든 지각에 뛰어난 하나님의 평강이 그리스도 예수 안에서 너희 마음과 생각을 지키시리라

하나님 아버지~ 오늘은 한 주간 불편하고 화난 마음을 남편과 이야기했습니다. 서로 잘잘못을 따지고 해명하며 누가 원인 제공을 했는지, 내가 왜 화났는지, 무엇이 잘못된 건지… 이야기 끝에도 결국엔 승자 없이 치고받는 언쟁만 남았습니다.

언성을 높일수록 각자의 변명과 이기적인 마음이 선명하게 드러났고, 지혜롭지 못한 못난 마음과 비뚤어진 각자의 자아상을 있는 그대로 보여주기만 했습니다. 서로가 문제를 해결하고 싶어 했으나 오히려 더 큰 문제로 이어졌고, 서로의 입장 차이만큼 마음만 멀어졌습니다.

저는 늘 근사하고 괜찮은 사람으로 누구에게나 인정받고 싶어 했는데, 이럴 때마다 나의 모습은 형편없고 모자랍니다.

하나님, 제가 이렇게 못나고 편협하며 거짓으로 꽉 찬 인간입

니다. 저를 용서하여주시옵소서. 제게 은혜를 내려주시옵소서. 제 마음 안의 분노를 가라앉게 하시며 오직 평안만을 채워주시옵소서. 불편한 기운을 몰아내 주시고 깨끗하고 순수한 영을 채워주시옵소서.

[야고보서 5:12] 내 형제들아 무엇보다도 맹세하지 말지니 하늘로나 땅으로나 아무 다른 것으로도 맹세하지 말고 오직 너희가 그렇다고 생각하는 것은 그렇다 하고 아니라고 생각하는 것은 아니라 하여 정 죄받음을 면하라

'맹세'란 일정한 약속이나 목표를 꼭 실천하겠다고 다짐하는 겁니다. 우리는 사람에서 맹세할 때도 있고, 하나님께 맹세할 때도 있습니다.

또, 일상에서 자신의 잘못을 뉘우치곤 의지를 다지며 다시 잘해 보겠다고 스스로 맹세하기도 합니다. 그러나 결국엔 지키지 못하여 거짓 맹세로 끝날 때가 많습니다.

성경은 우리에게 '맹세하지 말라'고 합니다. 대신, 오직 하나님 말씀에 '예'와 '아니오'로 답하라고 합니다. '예', '아니오'는 맹세보다 한 발 더 나아간 대답인 거 같습니다. 맹세는 당연하고, 회개와 실천 여부를 답하길 원하시는 주님의 마음을 봅니다.

'이웃을 사랑했니?'라고 주님이 물으시면 '예', '아니오'로 답하는 것이지 이웃을 사랑하겠다고 맹세하는 게 아니란 겁니다. 당연

히 지켜야 할 하나님 말씀에 순종했는지에 대한 문제로 받아들이고, 지키지 않았다면 회개하고 하나님의 용서를 받아 새 삶을 살아가야 합니다.

하지만 인간은 연약하고 부패한 본성을 지녔기에 또다시 죄를 짓고 비틀거리며, 실수를 반복하며 살아갑니다. 그러기에 오늘도 부어주실 하나님의 은혜를 구하며 주님께 매달립니다.

내 곁에 늘 동행하시며 손잡아 일으켜주시는 분, 하나님은 나의 아버지이며 나를 사랑하는 분임을 믿습니다.

사랑은 허다한 죄를 덮는다

베드로전·후서

[베드로전서 1:8-9] 8 예수를 너희가 보지 못하였으나 사랑하는도
다 이제도 보지 못하나 믿고 말할 수 없는 영광스러운 즐거움으로 기
뻐하니 9 믿음의 결국 곧 영혼의 구원을 받음이라

지금 이 순간 누군가 나에게 '당신은 하나님을 믿는가 혹은 믿
음으로 구원을 받았는가' 묻는다면 그렇다고 대답하겠습니다. 오
늘 말씀이 내 고백이기 때문입니다.

매일 묵상하며 하나님의 음성을 듣기 위해 집중하고, 하나님께
집중하는 중에 내 영혼이 위로받고 기쁨을 얻기에, 나는 하나님을
보지 못하여도 그분을 향한 믿음이 있습니다.

주님께서 주신 그 믿음이, 또한 나를 구원하였으니 내가 더 무
엇을 두려워하며 갈망할까요?

남은 생은 사라질 것들, 변해 썩어질 것들에 욕심을 갖지 않고
영원한 것, 완전한 것, 바로 하나님 말씀을 맘에 새기며 순종하며
살기를 기도드립니다.

[베드로전서 2:20-23] 20 죄가 있어 매를 맞고 참으면 무슨 칭찬이 있으리요 그러나 선을 행함으로 고난을 받고 참으면 이는 하나님 일에 아름다우니라 21 이를 위하여 너희가 부르심을 받았으니 그리스도도 너희를 위하여 고난을 받으사 너희에게 본을 끼쳐 그 자취를 따라오게 하려 하셨느니라 22 그는 죄를 범하지 아니하시고 그 일에 거짓도 없으시며 23 욕을 당하시되 맞대어 욕하지 아니하시고 고난을 당하시되 위협하지 아니하시고 오직 공의로 심판하시는 이에게 부탁하시며

하나님이 우리를 부르신 이유는 고난 중에도 참으며, 예수 그리스도의 발자취를 따라 사는 축복을 누리게 함입니다.

예수님께선 모욕을 모욕으로 갚지 않으시고, 고통을 당하면서도 상대를 위협하지 않으시고 정의로운 하나님께 심판을 맡기셨습니다.

오늘 나의 하루가 예수님의 길처럼 살아지길 기도합니다. 나의 하루를 축복해주세요, 주님.

[베드로전서 3:4] 오직 마음에 숨은 사람을 온유하고 안정한 심령의 썩지 아니할 것으로 하라 이는 하나님 앞에 값진 것이니라

하나님은 외모보다 내면의 아름다움을 귀하게 여기십니다. 온유한 마음과 정숙한 정신으로 속마음을 치장하는 게 하나님 앞에 값진 것이라는 오늘 말씀처럼요.

누구나 아름다운 것을 좋아하고, 가까이 두고 싶어 합니다. 온유하고 정숙한 말도 그럴 겁니다. 친절하고 아름다우며 값집니다.

주님, 오늘 하루도 제 마음이 온유하고 부드럽게 되도록 도와주시고, 내뱉는 말이 친절하고 상냥하여 듣는 이가 즐겁게 도와주시옵소서. 지적하고 훈계하는 말이나 거친 말, 화난 듯이 말하는 태도가 사라지도록 도와주시길 기도합니다.

[베드로전서 4:7-9] 7 만물의 마지막이 가까이 왔으니 그러므로 너희는 정신을 차리고 근신하여 기도하라 8 무엇보다도 뜨겁게 서로 사랑할지니 사랑은 허다한 죄를 덮느니라 9 서로 대접하기를 원망 없이 하고

살아온 날보다 살아갈 날이 더 짧아짐을 느끼는 나이가 되었습니다. 어찌 보면 축복이고 기쁩니다. 인생의 짐을 서서히 내려놓으며 자유로워지기 때문입니다.

기도하며 살아온 날보다 기도 안 하고 산 날이 더 많아서, 남은 인생에는 정신을 차리고 기도를 하며 살기로 작정해봅니다. 그리고 다른 사람을 나보다 더 낫게 여기며 뜨겁게 사랑하며 대접하는 삶을 살아야겠습니다. 죽는 순간 미안하다는 말보다 '감사하다!', '사랑한다!'라고 말하며 눈을 감고 싶습니다.

주님 오늘 하루, 무엇보다 따뜻한 마음과 사랑으로 상대를 대하도록 도와주시길 기도합니다.

[베드로전서 5:7-8] 7 너희 염려를 다 주께 맡기라 이는 그가 너희를 돌보심이라 8 근신하라 깨어라 너희 대적 마귀가 우는 사자같이 두루 다니며 삼킬 자를 찾나니

하나님을 굳건히 믿든 믿지 않든, 모두에게 고난은 닥칩니다. 그런데 그 고난에 맞서 싸울 나의 용기와 인내에는 한계가 있습니다. 우리는 한계를 넘지 못할 때 세상을 탓하고 남을 탓하며, 염려와 걱정에 빠집니다. 더 나아가 하나님까지 탓하며 무너집니다.

염려와 걱정은 두려움에서 옵니다. 하나님을 믿는 자는 고난 중에 하나님을 찾고 간구하며, 기도할 때 주님의 은혜로 고난을 능히 이길 힘도 얻습니다.

모든 것을 하나님께 맡기고, 나를 돌보시는 하나님을 의지합니다. 주님께선 우리의 믿음이 흔들릴 때 마귀가 우는 사자처럼 삼킬 자를 찾으니, 근신하고 기도하라고 하십니다.

주님 앞에서 스스로 점검하며, 깨어 기도하는 삶을 살도록 힘써야겠습니다.

[베드로후서 1:9-10] 9 이런 것이 없는 자는 맹인이라 멀리 보지 못하고 그의 옛 죄가 깨끗하게 된 것을 잊었느니라 10 그러므로 형제들아 더욱 힘써 너희 부르심과 택하심을 굳게 하라 너희가 이것을 행한즉 언제든지 실족하지 아니하리라

우리는 스스로 바르게 생각하고 행동하며 산다고 여깁니다. 그리 큰 죄를 짓지 않았고, 어리석지 않다고 생각합니다. 정말로 그렇다면, 우리 삶은 나무랄 데 없이 정결하고 경건한 삶일 겁니다. 그러나 그렇지 않습니다. 볼 수 있고 걸을 수 있으며 모든 잘 해낼 것도 같았으나, 정작 현실에선 자신의 마음조차 바로 세우고 살지 못합니다.

성경에선 우리가 그리스도 예수를 믿는 자이지만 하나님을 아는 지식과 덕, 인내와 사랑이 없어서 소경과 같이 살 수밖에 없다고 합니다. 예수로 말미암아 옛 죄가 깨끗해졌는데도, 우리가 잊고 살아서 어디로 갈지 모르고 방황하는 양 같다는 것입니다.

그래서 어제보다 오늘, 오늘보다 내일 더욱더 힘써서 믿음을 지키고 살라고 하는 것입니다. 나는 어떻게 살고 있는지, 어떻게 살아갈지 돌이켜봅니다. 주님께 은혜를 구하며 오늘도 나아갑니다.

제2부

죄인을 부르시는 분

마태복음

[마태복음 3:2] 회개하라 천국이 가까이 왔느니라 하였으니

천국이 이미 우리에게 왔고, 가까이 왔는데 먼저 회개하라고 합니다. 천국이 뭐길래 죄를 회개하라고 하는 걸까요?

천국은 하나님과 우리가 친밀한 교제를 나누는 곳이자, 그 친밀한 교제를 통해서 영원히 주님의 은혜를 누리는 하늘나라입니다.

따라서 먼저 우리의 죄를 이미 아시는 주님께 죄를 고백하고 깊이 사죄할 때 주님께선 우리의 영혼을 만지시며 친밀한 교제를 이루어주실 것입니다.

죄 사함과 동시에 구원도 은혜도 부어주시며 천국의 기쁨을 누리는 삶을 살게 될 것입니다.

하나님 아버지! 이 아침 주님을 향해 회개합니다. 오롯이 주님께 향하지 않았던 저의 죄를 용서하시옵소서.

[마태복음 6:34] 그러므로 내일 일을 위하여 염려하지 말라 내일 일은 내일이 염려할 것이요 한 날의 괴로움은 그 날로 족하니라

34절에서 '내일'은 시간적으로 내일만이 아닌 미래에 속하는 모든 날로 염려의 주제를 '그 내일'로 제시합니다.

'내일'이 인격체가 아닌데도, 그렇게 말한 이유는 염려가 우리 몫이 아니라는 뜻이겠죠. 염려하지 말아야 할 이유는 아직 발생하지 않았기 때문입니다.

염려는 대개 상상으로 일어나며 실제로 일어나지 않고 예감으로 그치는 경우가 많습니다. 또한, 염려는 내 삶에 도움이 되지 않습니다. 만약 염려해서 문제가 해결된다면 그렇게 하겠지만, 염려는 문제의 해결책이 될 수 없습니다. 우리의 염려와 관계없이 일어날 일은 일어나기도 하고 일어나지 않기도 하죠.

"너희 중에 누가 염려함으로 그 키를 한 자라도 더할 수 있겠느냐"(마 6:27)

여기서 '키'는 목숨의 길이를 말하는데, 인간이 염려함으로써

자신의 목숨을 조금도 연장할 수 없으니 염려는 도움이 되지 않는다는 뜻이 됩니다.

> "마음의 즐거움은 양약이라도 심령의 근심은 뼈를 마르게 하느니라"(잠 17:22)

결국 염려는 하나님을 신뢰하지 못하는 데서 오는 것이자, 몸과 마음을 병들게 합니다. 오늘 우리의 삶을 의미 있게 살지 못하게 하는 독이 될 뿐입니다.

주님! 오늘에 충실하며 감사하며 하루하루 주신 시간에 성실히 살도록 인도하여주옵소서. 나보다 나를 더 사랑하시는 하나님이 가장 선하게 내 인생을 인도하심을 믿으며 하루를 시작하게 하옵소서.

[마태복음 7:21] 나더러 주여 주여 하는 자마다 다 천국에 들어갈 것이 아니요 다만 하늘에 계신 내 아버지의 뜻대로 행하는 자라야 들어가리라

하늘 아버지의 뜻은 무엇일까요?

내 육신의 정욕과 세상의 유익이 아닌 하늘 아버지의 계명을 지키고, 하늘 아버지가 세상을 창조한 목적에 맞게 사는 삶을 사는 겁니다.

하늘 아버지의 계명은 하나님을 사랑하고 이웃을 사랑하는 것입니다. 삶의 현장에서 나보다 남을 먼저 생각하고 배려하며 가치 있게 사는 삶, 의미 있고 보람 있게 사는 삶, 창조의 질서를 훼손하지 않고 하나님 사랑의 질서 안에 편입되어 사는 삶이 그런 것 아닐까요.

주님! 나와 내 가족의 행복만을 추구하는 삶을 넘어서 이웃과 사회, 더 나아가 국가 그리고 인류와 더불어 행복하고 복된 삶을 함께 누리며 살게 인도하여주옵소서.

[마태복음 8:1, 23-24, 26] 1 예수께서 산에서 내려오시니 수많은 무리가 따르니라 23 배에 오르시매 제자들이 따랐더니 24 바다에 큰 놀이 일어나 배가 물결에 덮이게 되었으되 예수께서는 주무시는지라 26 예수께서 이르시되 어찌하여 무서워하느냐 믿음이 작은 자들아 하시고 곧 일어나사 바람과 바다를 꾸짖으시니 아주 잔잔하게 되거늘

예수께선 나병 환자와 중풍 병자를 고치시고, 베드로의 장모를 열병으로부터 고치시며, 귀신 들린 자에게서 귀신을 쫓아내시고, 병든 자들을 다 고치셨습니다.

이런 기적들을 보고 수많은 무리가 예수님을 따릅니다. 그러나 예수님께서 다시 복음 사역을 위해 배 위에 오를 땐 그 무리는 그곳에 남고 예수님의 제자들만 그를 따릅니다.

예수님을 진심으로 구원자로 믿고 따르는 자는 무리가 아니라 제자입니다. 믿음이 깊을 줄 알았던 제자들조차 배가 뒤집힐 위기에 처하니 예수님의 능력을 믿지 못하고 두려워합니다. 제자들은 자신들의 가장 가까운 곳, 손 잡히는 곳, 보이는 곳에서 예수님과 동행하고 있었지만 믿지 못했던 거죠.

예수님을 본 적도 없는 내가 예수님을 믿고 동행하고 있음을 실감하는 것은 정말 기적 같은 일입니다.

오늘도 보이지 않는 예수님이 나와 동행하시며 어려움을 함께 감당해주실 것을 믿으니 참 감사합니다.

[마태복음 9:13] 너희는 가서 내가 긍휼을 원하고 제사를 원하지 아니하노라 하신 뜻이 무엇인지 배우라 나는 의인을 부르러 온 것이 아니요 죄인을 부르러 왔노라 하시니라

예수님은 제사보다 이웃에게 베푸는 자선과 긍휼을 원하십니다. 예수님은 선하고 의로운 이를 부르러 온 것이 아니라, 죄인을 불러 회개하게 하려고 오셨습니다.

20년 전 내가 살던 아파트 현관문 앞에 교회 전단지가 한 장 떨어져 있었습니다. "세탁물이 더러워지면 세탁소에 보냅니다. 깨끗한 옷은 세탁소로 보내지 않습니다. 사람이 죄를 지으면 교회에 가야 합니다. 예수님은 죄인을 부르십니다." 지금도 생생하게 기억납니다.

그때 머리를 한 대 맞은 듯 '예수님은 누구신가?', '사람들은 교회를 왜 다니지?', '쉬는 날 쉬지도 못하고 스스로 구속하고 사네', '나는 죄인인가?', '교회에 가면 뭔가 실마리가 풀릴까?'라는 생각을 했던 것 같습니다. 얼마 지나지 않아 집 앞에 작은 교회에 다니게 되었습니다.

그 후 지금까지 신앙생활을 하는 중입니다. 글로 다 쓰기엔 긴 이야기가 있지만, 결론은 하나님 믿길 참 잘했다는 겁니다. 친정 식구 누구도 하나님을 알지 못하는데 내가 믿는 것은 기적이며 선물임이 틀림없다는 거죠.

하나님 아버지~ 제게 주신 선물을 형제자매와 나누며 살도록 저를 택하셨으니 주 뜻대로 저를 사용하여 주옵소서. 형제자매와 함께 하나님 자녀로 살아가는 행복을 맛보게 도와주옵소서.

세상 사람들이 알지 못하는 하나님 자녀의 행복, 하나님 사랑! 하나님 아버지! 감사합니다. 사랑합니다. 아멘.

[마태복음 11:29-30] 29 나는 마음이 온유하고 겸손하니 나의 멍에를 메고 내게 배우라 그리하면 너희 마음이 쉼을 얻으리니 30 이는 내 멍에는 쉽고 내 짐은 가벼움이라 하시니라

"수고하고 짐 진 자들아 다 내게로 오라 내가 쉬게 하리라"
(마 11:28)

예수님은 어떤 분이길래 우리를 편히 쉬게 할 수 있을까. 사실 나의 성정은 온유함, 겸손함과는 거리가 아주 멀기만 합니다. 삶에 필요한 지식과 정보는 나의 노력과 성실성, 부지런함이나 의지로 채울 수가 있는데, 온유와 겸손은 내 능력의 한계를 넘기 때문입니다.

그래서 예수님 앞에 나를 오롯이 드러내며 그분의 손길로 나를 다듬어주시고 갈아주시길 간구하게 됩니다.

주님! 제 맘을 지배하시고 통제하셔서 회복시켜주시길 간절히 기도드립니다.

[마태복음 17:20] 이르시되 너희 믿음이 작은 까닭이니라 진실로 너희에게 이르노니 만일 너희에게 믿음이 겨자씨 한 알만큼만 있어도 이 산을 명하여 여기서 저기로 옮겨지라 하면 옮겨질 것이요 또 너희가 못할 것이 없으리라

겨자씨만 한 믿음이 있게 하소서. 이 산을 저기로 옮기지 못할지라도 자신의 마음과 감정을 자제하며 요동하지 않게 하여주소서.

환절기의 변화에도 바로 적응하지 못하는 연약한 육체를 가졌습니다. 감정의 변화에도 자신을 제어하지 못하는 못난 존재입니다.

저의 부족함을 긍휼히 여겨주시고 새 힘을 주옵소서.

오늘도 주님을 새롭게 맞이합니다.

[마태복음 19:26] 예수께서 그들을 보시며 이르시되 사람으로는 할 수 없으나 하나님으로서는 다 하실 수 있느니라

부자가 천국에 들어가기가 얼마나 어렵고 불가능한지 마치 낙타가 바늘구멍을 통과하는 것보다 어렵다 합니다.

천국에 들어가는 방법은 하나. 하나님이면 그렇게 해주실 수 있다고 성경은 말합니다. '상대적으로 가난하면 천국에 들어가기 쉽지 않을까' 생각할 수 있지만 그렇지는 않을 것입니다.

부유하건 가난하건 남녀노소를 막론하고 예수님이 하나님의 아들이시고 그분이 우리의 죄를 대신해 죽으셨으며 사흘 만에 다시 살아나시고 부활하심을 믿고 따르는 자는 구원을 얻는다는 것입니다.

오직 예수를 믿음으로 구원을 얻는다는 것입니다.

2,000년 전 예수를 직접 보고 만졌던 당시 사람들은 수많은 예수님의 기적과 기사를 보고도 믿지 않았습니다.

주님, 지금 이 순간 이렇게 예수님의 이름을 부르며 말씀을 묵상할 수 있으니 기적이고 축복입니다. 이 축복이 저의 기도가 되게 하시고 부흥의 불씨가 되어 가족의 구원과 이웃의 구원을 위해 쓰임 받도록 인도하옵소서. 아멘.

[마태복음 23:3] 그러므로 무엇이든지 그들이 말하는 바는 행하고 지키되 그들이 하는 행위는 본받지 말라 그들은 말만 하고 행하지 아니하며

하나님을 믿는다면서 말씀을 잘 듣고 입으로 시인해도, 말씀대로 실행하지 못하고 살 때가 더 많습니다.

'믿는 자는 그러면 안 되지' 하면서 나 자신도 행동으로 모범을 보이지 못하고 남의 허물을 들춰낼 때가 많아 참 부끄럽습니다. 사랑하라는 말은 너무도 잘 알고 있지만, 진심으로 누군가를 사랑하기는 얼마나 어려운지….

그 사랑 속엔 뼈를 깎는 희생과 섬김이 있어야 하고, 나는 죽고 상대는 살려야 하기에 겉과 속이 다른 사랑을 하는 건 아닌지 돌아보게 됩니다. 교인이라고 말하면서도 속은 위선과 거짓과 불법으로 가득 찬 나의 모습은 얼마나 많은지….

주님! 오늘 하루 겉과 속이 다른 사람이 되지 않길 기도합니다. 겉과 속이 한결같은 그리스도인으로 성장시켜주시길 간구합니다.

[마태복음 26:26-28] 26 그들이 먹을 때에 예수께서 떡을 가지사 축복하시고 떼어 제자들에게 주시며 이르시되 받아서 먹으라 이것은 내 몸이니라 하시고 27 또 잔을 가지사 감사 기도하시고 그들에게 주시며 이르시되 너희가 다 이것을 마시라 28 이것은 죄 사함을 얻게 하려고 많은 사람을 위하여 흘리는 바 나의 피 곧 언약의 피니라

예수님이 죽음을 앞두고 제자들에게 행하신 모습은 너무나 담대하게만 보입니다. 사랑하는 사람들을 위해 마지막까지 모든 것을 내주시며 희생하는 모습에 놀라움을 금할 수 없습니다.

나도 그러고 싶습니다. 지금보다 내일, 모레, 그 이후 십 년, 이십 년 후 노년에 죽음이 내 앞에 드리워질 때, 두려움 없이 원망 없이 감사의 기도를 하며 생을 마감하고 싶습니다.

주님! 깨달음을 주셔서 마음에 새기오니 성화되는 인생에 지치거나 게으르지 않게 도와주옵소서.

[마태복음 27:42] 그가 남은 구원하였으되 자기는 구원할 수 없도다 그가 이스라엘의 왕이로다 지금 십자가에서 내려올지어다 그리하면 우리가 믿겠노라

'다른 이를 구원하면서 너 자신을 구원하지 못하느냐.'
'하나님의 아들이라면 하나님이 너를 구원하지 않겠느냐.'

군중들은 예수님을 조롱하며 비아냥거렸죠. 예수님께선 앉은뱅이를 걷게 하고 귀신 들린 자를 고치며 병든 자를 고치는 등 많은 기적을 베풀었지만, 자신을 위해서는 능력을 쓰지 않았습니다.

하나님의 뜻에 순종해야만 우리를 죄에서 구원할 수 있다는 걸 아셨기 때문에 억울함을 호소하거나 항변하지 않으셨던 겁니다. 하나님의 뜻을 알고 묵묵히 그 길을 따라 사는 것이 얼마나 어렵고 소중한 길인지 새삼 깨달으며 오늘을 맞이합니다.

하나님께서 부르신 자리에서 자신의 소명대로 순종하는 삶을 예수님께 배웁니다. 오늘도 감사합니다, 예수님.

[마태복음 28:18-20] 18 예수께서 나아와 말씀하여 이르시되 하늘과 땅의 모든 권세를 내게 주셨으니 19 그러므로 너희는 가서 모든 민족을 제자로 삼아 아버지와 아들과 성령의 이름으로 세례를 베풀고 20 내가 너희에게 분부한 모든 것을 가르쳐 지키게 하라 볼지어다 내가 세상 끝날까지 너희와 항상 함께 있으리라 하시니라

오늘 말씀은 예수께서 부활하셔서 제자들에게 하신 첫 말씀입니다.

예수님은 우리에게 모든 민족을 제자로 삼고 복음을 전할 것을 원하십니다. 세상 끝날 때까지 늘 항상 함께하시겠다 하셨으니, 지금 이 순간도 내가 있는 자리에 동행하시는 주님을 믿습니다. 그리고 담대히 복음을 전하며 살아야겠다고 마음을 다져 봅니다.

오늘도 성령 하나님께서 함께하셔서 내 입술과 생각을 지배하여 주시길 예수님 이름으로 기도드립니다.

복음이신 예수님

마가복음

[마가복음 1:24-26] 24 나사렛 예수여 우리가 당신과 무슨 상관이 있나이까 우리를 멸하러 왔나이까 나는 당신이 누구인 줄 아노니 하나님의 거룩한 자니이다 25 예수께서 꾸짖어 이르시되 잠잠하고 그 사람에게서 나오라 하시니 26 더러운 귀신이 그 사람에게 경련을 일으키고 큰소리를 지르며 나오는지라

예수님은 세례 요한에게 세례를 받으시고 광야에서 사십 일간 사탄의 시험을 받았습니다. 사탄은 예수님이 하나님의 아들이며 거룩한 자임을 알았음에도, 귀신 들린 자의 입을 빌려 예수께 따졌습니다.

예수님의 반응은 단호했습니다. 사탄을 꾸짖으며 귀신 들린 자에게서 나오라고 명하셨습니다. 대책 없이 달려드는 사탄에게 묻지도 따지지도 않고 나오라고 한 겁니다. 살면서 사탄의 간계를 구별할 영이 부족한 나에게는, 그런 예수님이 멋지고 존경스럽기만 합니다.

내게도 사탄의 거짓을 분별할 수 있는 영이 생기길 기도합니다. 더러운 유혹과 이기심, 자기 자랑과 교만이 내게서 떠나라고 단호하게 꾸짖을 수 있길 간절히 기도합니다.

[마가복음 3:5] 그들의 마음이 완악함을 탄식하사 노하심으로 그들을 둘러보시고 그 사람에게 이르시되 네 손을 내밀라 하시니 내밀매 그 손이 회복되었더라

예수님은 안식일에 병든 자를 고치고 계셨습니다. 예배드리기보다 아픈 자를 먼저 고치셨는데, 이를 본 바리새인들이 예수를 없앨 모의를 했습니다. 예수님은 율법에 얽매이는 것보다 생명을 살리는 일이 우선임을 몸소 보이셨습니다.

만약 교회 가는 길에 교통사고 당한 사람을 보거든, 그를 병원에 데려다주고 치료하게 하는 게 우선이지, 교회에 시간 맞춰 오는 게 더 우선일 수 없다는 뜻일 겁니다.

오늘 하루 율법에 얽매여 선을 행함에 소홀하지 않길, 생명을 구하는 일에 우선순위를 두길 기도합니다.

[마가복음 4:39-40] 39 예수께서 깨어 바람을 꾸짖으시며 바다더러 이르시되 잠잠하라 고요하라 하시니 바람이 그치고 아주 잔잔하여지더라 40 이에 제자들에게 이르시되 어찌하여 이렇게 무서워하느냐 너희가 어찌 믿음이 없느냐 하시니

예수님과 제자들은 광풍이 일어나는 바다 위에서 함께 있었습니다. 광풍 때문에 배 안에 물이 가득하니, 제자들은 예수님을 깨우며 "선생님이여 우리가 죽게 된 것을 돌보지 아니하시나이까"라며 무서워했습니다.

예수님은 바다를 잠잠케 하셨습니다. 바람이 고요하고 바다가 잔잔해졌음에도, 예수님을 '선생님'이라 부른 제자들은 정작 예수님을 '주'로 인정하거나 믿지는 못했습니다.

주님을 온전히 믿는다면 두려울 것이 없고 어떤 고난과 역경도 문제 될 것이 없음을 묵상합니다.

주님의 뜻과 말씀 따라 살기로 결정했다면, 주님을 믿고 세상을 두려워하지 맙시다!

[마가복음 5:7] 큰 소리로 부르짖어 이르되 지극히 높으신 하나님의 아들 예수여 나와 당신이 무슨 상관이 있나이까 원하건대 하나님 앞에 맹세하고 나를 괴롭히지 마옵소서 하니

묘지와 산을 돌아다니며 소리를 지르고 제 몸을 짓찧곤 하던 악령 들린 자. 그는 예수님을 보자 곧바로 달려가 엎드려 "지극히 높으신 하나님의 아들 예수님, 악령을 쫓아내 주세요"라고 소리쳤습니다.

그가 예수님을 부르는 호칭에서, 이미 예수님이 하나님의 아들이신 것과 그의 권능을 믿고 있음을 확인할 수 있습니다.

믿음은 한 치의 의심도 없는 것입니다. 가장 간절한 심정으로 주님께 집중하는 마음 상태입니다. 나는 그런 믿음으로 예수 그리스도를 쫓는 자인지, 그저 믿음을 흉내만 내는 자는 아닌지 묵상해봅니다.

오늘, 진실한 믿음으로 주님께 초점을 맞추는 하루가 되길 기도합니다.

[마가복음 6:52] 이는 그들이 그 떡 떼시던 일을 깨닫지 못하고 도리어 그 마음이 둔하여졌음이러라

예수님의 능력과 기적을 눈앞에서 보고도 깨닫지 못하는 제자들은 그저 놀랄 뿐이었습니다. 빵의 기적, 물 위를 걷는 기적, 아픈 자를 낫게 하는 기적. 수많은 기적을 '세상에 이런 일이…' 정도로 받아들인 거죠.

그 이유는 무엇일까요?

성경은 그들의 마음이 무뎌졌기 때문이라고 말합니다. '무뎌진다'는 것은 신경이 있으나 둔하며 느낌이 없다는 것이니, 마음에 감흥이나 설렘이 없고 심지어는 믿음까지도 '그저 그런 상태'라는 방증일 겁니다.

오늘은 내 생일! 아침 밥상을 차리다 보니 참으로 하나님께 감사합니다. 건강한 몸과 평안한 마음, 남편과 딸 그리고 아들의 건강, 소박하지만 미역국에 반찬 대여섯 가지. 평범한 상차림이지만 기쁘고 행복합니다.

딸이 선물로 준 가방, 아들이 선물로 준 체중계, 남편이 수고해서 정리한 앨범 사진들. 구역 식구들의 축하 메시지까지. 귀하고 고마운 선물입니다.

고맙고 감사한 것에 무뎌지지 않고 가슴 설레며 살고 싶습니다. 죄의 종이 되지 않고, 마음을 살피고 주님을 향한 마음을 유지하도록 기도하며 주님을 의지합니다.

이 땅에 태어나 생일을 맞게 하신 하나님 아버지 감사합니다.

[마가복음 7:5-7] 5 이에 바리새인들과 서기관들이 예수께 묻되 어찌하여 당신의 제자들은 장로들의 전통을 준행하지 아니하고 부정한 손으로 떡을 먹나이까 6 이르시되 이사야가 너희 외식하는 자에 대하여 잘 예언하였도다 기록하였으되 "이 백성이 입술로는 나를 공경하되 마음은 내게서 멀도다" 7 사람의 계명으로 교훈을 삼아 가르치니 나를 헛되이 경배하는도다 하였느니라

예수님은 바리새인과 서기관들에게 전통에 얽매여서 헛된 예배를 드리지 말 것과 사람의 계명을 하나님의 말씀처럼 가르치지 말 것을 말씀하십니다. 사회의 관습, 일반적인 도덕 기준보다 '하나님의 계명을 지키고 있는가'가 더 절실하고 진실하다는 겁니다.

하나님을 경배하고 믿는다고 하지만 과연 행동과 말과 생각으로 하나님의 영광을 드러내며 살고 있는지 돌아봅니다. 생각도, 행동과 말도 거짓되고 위선일 때가 허다합니다.

오늘도 정결한 마음을 가지고 입술과 행동에 거짓이 없길 주님께 의지하며 기도합니다.

2021년 3월 22일

[마가복음 9:50] 소금은 좋은 것이로되 만일 소금이 그 맛을 잃으면 무엇으로 이를 짜게 하리요 너희 속에 소금을 두고 서로 화목하라 하시니라

소금은 방부제 역할을 하며, 맛을 내는 데 꼭 필요합니다. 음식은 달지 않아도, 쓰지 않아도, 시지 않아도, 맵지 않아도 먹을 수 있지만, 간이 적절히 되어있지 않으면 오래 두고 먹을 수가 없는 것처럼요. 좋은 소금은 소금끼리 놔두면 꼭 붙어서 소금산을 이룰 정도로 흡착력이 좋고 단단한 특성이 있다고 합니다.

오늘 말씀에서, 예수님은 제자들에게 마음에 소금을 간직하라고 하십니다. 앞 절에서는 손이 죄를 지으면 손을 찍어버리고 발이 죄를 지으면 발을 찍어버리며 눈이 죄를 지으면 눈을 뽑아버리라 하시기도 했습니다. 손과 발, 눈이 죄를 지어 후생에 지옥 불에 사는 것보다 손, 발, 눈이 뽑힌 채 천국에 가는 것이 낫다는 겁니다.

믿음이 연약한 자를 자신의 잣대로 판단해 실족하게 하는 건, 연자 맷돌을 지고 지옥에 가는 것과 같으니 연약한 자, 믿음이 부족한 자를 함부로 대하지 말라고 하신 겁니다.

나와 다른 자에게는 관대하게, 자신의 죄에 대해서는 손, 발을 찍어내듯 엄격한 마음을 가지란 얘기겠죠. 손, 발을 찍어낸들 우리의 죄는 마음에 있는 것이니 마음에 소금을 늘 간직하라는 겁니다.

분한 마음, 이기적인 마음, 자기 자랑과 교만에 소금을 쳐서 'Down'시켜야 합니다. 우리 각자가 마음에 소금을 쳐서 좋은 소금이 되면 마음 소금산을 이루니 서로 화합하고 뭉쳐서 평화를 이룰 수 있음을 묵상합니다.

나와 다른 이들과 평화, 화합, 샬롬. 오늘도 마음에 소금을 간직하고, 소금이 없는 마음에 소금을 뿌리며 하나님을 누리고 이웃과 평화롭게 살길 간절히 기도드립니다.

> [마가복음 10:45] 인자가 온 것은 섬김을 받으려 함이 아니라 도리어 섬기려 하고 자기 목숨을 많은 사람의 대속물로 주려 함이니라

예수님이 이 세상에 오신 이유는 섬김을 받으려 온 것이 아니고 섬기러 온 것이며, 많은 사람을 위하여 목숨을 바쳐 죄의 값을 치르러 온 것이라 하셨습니다.

하나님의 독생자 예수 그리스도, 그분은 우리 죄를 위한 대속의 제물이 되셨습니다. 세상에서 대접받고 누리기 위함이 아니고 희생하며 섬기기 위한 것이라니….

예수님을 따르며 '주여, 주여' 하는 내 삶을 들여다보니 참 민망하고 부끄럽기만 합니다. 가정을 섬기고 남편과 자녀를 위해 작은 희생과 헌신도 힘들어하고 생색내며 알아주길 바라며 살아왔습니다. 그들이 내게 고마워하며 나를 잘 대해주기를 바랐습니다. 기대한 만큼 보상이나 대우가 없으면 실망하기도 했고, 때론 화나기도 했습니다. 어떤 날은 포기하거나 타협하면서 살았음을 돌아봅니다.

남편과 자식을 위해 더 나아가 이웃과 친구를 위해 기쁜 맘으

로 헌신하며 상대의 영혼이 더 편안하고 행복할 수 있도록 더 낮
아지며 겸손해야 함을 묵상합니다.

주님! 나보다 상대를 더 세우고 위하며 살아가도록 지혜와 인
내함을 배우게 도와주옵소서.

[마가복음 12:14] 와서 이르되 선생님이여 우리가 아노니 당신은 참되시고 아무도 꺼리는 일이 없으시니 이는 사람을 외모로 보지 않고 오직 진리로써 하나님의 도를 가르치심이니이다 가이사에게 세금을 바치는 것이 옳으니이까 옳지 아니하니이까

대제사장과 서기관들은 예수님의 말씀에 책잡으려고 질문을 했습니다. "가이사에게 세금을 바치는 것이 옳으니이까, 옳지 아니하니이까?" 이 질문은 예수님을 곤경에 빠뜨려, 결국엔 예수님을 죽게 만들기에 딱 좋은 것이었습니다.

가이사는 그 당시 로마의 권력자였으며 신적인 권위를 가진 사람이었기 때문입니다. 로마의 속국이었던 이스라엘의 유대인들은 성인이 되면 가이사에게 세금을 바쳐야 했습니다.

가이사에게 세금을 낸다는 것은 가이사가 구원자이며 신적인 존재임을 인정하는 것이니, 세금을 내라고 대답하면 예수님 스스로가 자신이 구원자임을 부정하는 꼴이 됩니다. 구원자가 아닌데 구원자처럼 행세한다고 오명을 쓰고 사기꾼 소리를 들을 수도 있는 것입니다. 세금을 내지 말라고 하면 가이사를 거역하는 것이니 반역자가 되어 처형을 받을 수 있게 됩니다.

이때 예수님께선 데나리온(동전) 하나를 가져오게 한 후 동전에 쓰인 글과 형상이 누구인지 확인해보라 하십니다. 가이사라 하니, 이어 예수님은 "가이사의 것은 가이사에게 바치고 하나님의 것은 하나님에게 바치라"고 말씀하십니다.

그들은 예수님의 말씀을 듣고 경탄해 마지않습니다. 예수님은 유대인들의 마음 중심에 진정한 신이 누구인가를 깨닫게 하시며 마음과 뜻을 하나님께 드려야 함을 꼬집으신 것입니다.

살다 보면 가족, 직장, 공동체 안에서 말로 시비가 붙습니다. 서로 이기려고 다툼하며 관계가 틀어지기도 하고 회복 불가능한 상태가 되기도 합니다.

예수님은 세금을 내는 게 옳은지 그른지 논쟁에 휘말려 갈등하지 않으시고 논쟁 자체를 덮으시는 지혜를 보이셨습니다. 논쟁으로 휘말려 감정 소모를 하지 않으시고 갈등하거나 미워하지 않으셨습니다. 다만 그 논쟁이 하나님의 뜻, 하나님의 나라를 위한 것인가에 초점을 맞추셨음을 묵상합니다.

주님, 오늘 하루 문제 상황에서 내 욕심과 뜻에 맞는지가 아니라 하나님 뜻인가를 묻고, 하나님 시선으로 바라보며 해석하여 삶에 적용할 수 있도록 지혜를 더하여주옵소서.

[마가복음 14:39] 다시 나아가 동일한 말씀으로 기도하시고

예수님은 끌려가시기 전에 제자들과 함께 계셨습니다. 잠시 후 예수님이 붙잡혀 끌려가시는데, 제자들은 자고 있습니다. 예수님께선 그런 제자들을 보며 "기도하라"고 당부하십니다.

이 당부는 유언처럼 느껴집니다. 우리는 기도하지 않으면 유혹에 빠지고 죄 가운데 빠질 수밖에 없는 연약한 존재이기 때문에, 유독 기도를 당부하신 것 같습니다.

우리 삶도 마찬가집니다. 늘 유혹이 도사리고 있습니다. 세상 재미와 쾌락, 방탕한 것, 우상들이 하나님보다 더 관심을 끌고 하나님을 등지도록 속삭이며 다가옵니다.

내 마음 중심에 하나님을 품지 않으면 유혹에 물들어 죄 가운데로 빠지니, 오늘도 새로운 마음으로 기도해야 함을 묵상합니다.

어제보다 오늘 더 깊은 묵상과 기도, 예배가 드려지길 간절히 소망합니다.

[마가복음 16:15-16] 15 또 이르시되 너희는 온 천하에 다니며 만민에게 복음을 전파하라 16 믿고 세례를 받는 사람은 구원을 얻을 것이요 믿지 않는 사람은 정죄를 받으리라

예수님은 죽은 지 사흘 만에 다시 살아나셔서 전에 일곱 귀신을 쫓아내어 주었던 막달라 마리아에게 자신의 모습을 먼저 보이셨습니다.

마리아는 예수와 함께하던 자들에게 '예수가 살아나셨다'는 것을 알렸으나 그들은 믿지 못하였고, 예수님이 직접 제자들에게 모습을 보이셨으나 그때도 제자들은 믿지 않았습니다. 예수님은 그들의 믿음 없음을 꾸짖으시며 한 가지 부탁을 하셨습니다.

"너희는 온 천하에 다니며 만민에게 복음을 전파하라, 믿고 세례를 받는 사람은 구원을 얻을 것이요 믿지 않는 사람은 정죄를 받으리라"(막 16:15-16)

복음을 복된 소식이라고 합니다. 복음은 예수 그리스도가 우리의 죄를 대신해서 죽으시고, 사흘 만에 부활하셨다는 겁니다.

예수 그리스도의 십자가에 매달리심은 예수 자신의 죄와 허물로 인한 것이 아니요, 우리의 죄로 인함임을 진실로 믿는다면 우리는 구원받을 것이요 죄 사함을 받을 것이니 이보다 더 큰 축복이 또 어디 있을까요?

하나님을 알고 그분을 믿게 된 것이 내 삶에 큰 축복이며 기적임을 고백합니다. 하나님을 알지 못했다면 죄가 무엇인지, 그리고 내가 죄인인지도 모르고 살았을 것입니다.

그저 세상 법에 위반되지 않고 도덕적으로 누군가에게 피해를 주지 않았으니 세상에 한 점 부끄럼 없이 살았노라 자신만만했을 텐데 말입니다….

하나님께선 하나님을 등지고 하나님을 의지하지 않은 채 자기 소견대로 사는 것이 죄라고 하십니다. 하나님을 두려워하지 않고 겁 없이 사는 태도도 죄로 여기십니다.

주님! 저는 명백한 죄인입니다. 저의 죄를 용서하시고 죄의 지배로부터 벗어나게 도와주옵소서. 주님을 진실로 믿고 성실한 믿음을 갖도록 도와주옵소서.

소외된 자를 구원하시는 분

누가복음

[누가복음 1:38] 마리아가 이르되 주의 여종이오니 말씀대로 내게 이루어지이다 하매 천사가 떠나가니라

가브리엘 천사는 마리아에게 하나님의 아들을 낳을 것이니 이름을 예수라 하라고 했습니다. 이때 마리아는 거부하거나 놀라거나 불쾌하게 여기지 않았고, "이 몸은 주님의 종입니다. 지금 말씀대로 저에게 이루어지기를 바랍니다"라고 대답했습니다.

처녀가 아이를 갖게 되었는데 아멘으로 답하는 것은 무슨 상황일까요. 아마도 마리아는, 하나님을 신실하게 믿는 사람이었고 하나님께 순종하는 삶을 사는 사람이었을 거란 생각이 듭니다.

하나님의 선택이 나를 향했을 때 과연 나는 하나님 뜻에 순종하며 주님의 선물 같은 은혜를 받을 수 있을지 묵상합니다.

순종할 때 구원의 은혜와 자자손손 큰 축복을 주시는 하나님 아버지를 온 마음으로 경배하며, 오늘도 순종하며 살아가길 기도드립니다.

[누가복음 4장(전체)] 시험을 받으시다

예수님은 세례 요한에게 세례를 받으시고 요단강에서 성령을 가득 받으셨습니다. 그 성령은 하나님께서 예수님께 복음 전파를 위한 첫 메시지를 보이신 것이라 생각합니다.

강물 같은 성령의 임함, 하나님의 아들 독생자 예수께 능력과 권세가 부어졌습니다. 예수님은 성령의 인도로 광야에 이르셨고 사십 일간 지내시면서 몹시 허기지고 힘들었습니다. 이때 사탄이 유혹을 합니다.

첫 번째는 "돌이 빵이 되게 해보라"는 유혹입니다. 사십 일간 허기진 예수님께선 연약한 인간의 육체를 지니셨기에 허기를 면하기 위해 돌을 빵이 되게 하실 수 있었을 텐데 그 유혹에 넘어가지 않으셨습니다. 성령의 능력을 자신을 위해 쓰지 않으시고 "사람이 빵으로만 사는 것이 아니라"며 거절하셨습니다.

두 번째는 "자신(사탄)에게 절을 하면 세상을 얻게 해준다"는 유혹입니다. 절 한 번쯤이야 하고 할 수도 있었을 텐데 예수님은 하지 않았습니다. "세상의 권세와 부귀영화를 탐하거나 섬기는 것이 아니며 오직 하나님을 예배하고 하나님만을 섬기라"고 대답하였습니다.

세 번째는 "성전 꼭대기에서 뛰어내리라"는 유혹입니다. 예수가 하나님의 아들이면 천사들이 밑에서 받들어주지 않겠느냐며 유혹한 겁니다.

예수님은 악마의 유혹에 단 1%의 관심도 가지지 않고, 마음에 담지도 않으셨습니다. 하나님의 능력을 갖추셨지만 자신의 영광을 위해서는 1%도 쓰지 않으셨습니다. 또한, 그 유혹에 한순간도 흔들리지 않으셨습니다.

어떻게 그럴 수 있었을까요? 예수님은 자신이 왜 세상에 보내졌는지 너무나 잘 알고 있었기 때문입니다. 세상에 복음을 전하라는 하나님의 뜻을 알고 깨달았을 뿐만 아니라 삶에 적용하신 거겠죠.

하나님의 뜻을 알고 깨닫는 것은 누구나 가능할 수 있겠습니다. 하지만 그것을 삶의 현장에서 적용하며 실행하는 사람은 얼마나 될까 자문해봅니다. 오늘 하루 깨달음을 넘어 실행에 옮길 수 있는 의지와 결단을 하오니 용기를 주옵소서. 포기하거나 좌절하지 않게 하옵소서.

[누가복음 8:38-39] 38 귀신 나간 사람이 함께 있기를 구하였으나 예수께서 그를 보내시며 이르시되 39 집으로 돌아가 하나님이 네게 어떻게 큰일을 행하셨는지를 말하라 하시니 그가 가서 예수께서 자기에게 어떻게 큰일을 행하셨는지를 온 성내에 전파하니라

귀신 들린 자는 예수님의 큰 능력으로 귀신을 돼지 떼에게 쫓아버릴 수 있었습니다. 그 감사함 때문인지 귀신 나간 자는 예수님과 함께 있기를 구하였습니다. 그러나 예수님께선 그에게 집으로 돌아가 하나님께서 행하신 일을 말하라고 하십니다. 예수님은 자신이 행한 큰 능력이 자신의 공이 아니라 하나님께서 하신 일이라 말하십니다.

우리의 삶에도 내 뜻과 내 능력이 아닌 하나님의 능력으로 이루어진 일이 너무나 많습니다. 내가 한 것인 양 드러내기보다 하나님의 능력으로 이루었음을 고백해야 할 줄 믿습니다.

오늘 하루도 하나님께서 행하신 능력을 전하며 살길 기도합니다.

[누가복음 10:17-20] 17 칠십 인이 기뻐하며 돌아와 이르되 주여 주의 이름이면 귀신들도 우리에게 항복하더이다 18 예수께서 이르시되 사탄이 하늘로부터 번개같이 떨어지는 것을 내가 보았노라 19 내가 너희에게 뱀과 전갈을 밟으며 원수의 모든 능력을 제어할 권능을 주었으니 너희를 해칠 자가 결코 없으리라 20 그러나 귀신들이 너희에게 항복하는 것으로 기뻐하지 말고 너희 이름이 하늘에 기록된 것으로 기뻐하라 하시니라

예수님이 세우신 칠십 인이 기뻐하며 예수님께 돌아와 주여 주여 하며 "주의 이름이면 귀신들도 우리에게 항복하나이다"라고 말합니다. 그러자 예수님께선 "귀신들이 너희에게 항복하는 것으로 기뻐하지 말고, 너희 이름이 하늘에 기록된 것으로 기뻐하라"고 답하십니다.

내 삶의 현장을 돌아봅니다. 난 무엇이 기쁘고 언제 기뻤는지. 맛있는 것을 먹을 때 기뻤고, 좋은 것을 취할 때 기뻤고, 여행할 때 기뻤고, 좋은 친구들과 담소를 나눌 때 기뻤고, 기념일에 선물을 받거나 누군가로부터 인정받을 때 기뻤습니다.

그러나 그 기쁨은 잠시 잠깐이고, 시간이 지나면 사라지고 다시

소유하고 취하기 위해 힘과 에너지를 쏟아야만 합니다. 내 삶을 잠깐만 회상해봐도, 세상에서 얻는 기쁨은 하늘에 올려지는 것이 아니라는 걸 알 수 있습니다.

나의 이름이 하늘에 기록되기 위해 어떤 삶이 되어야 하는지 돌이켜봅니다. 하나님을 사랑하는 삶, 이웃을 사랑하는 삶, 베풀고 나누는 삶, 슬픔에 빠진 자에게 마음을 쏟아주고 살리는 삶. 예수님을 닮은 삶의 모양이 되어, 진정한 기쁨을 누리길 원합니다.

오늘 나의 기쁨이 자기 사랑과 자기만족에만 국한되지 않기를 깊이 묵상하며 하늘 명부에 이름이 올려지는 기쁨을 간구합니다.

2021년 4월 21일

[누가복음 15:2] 바리새인과 서기관들이 수군거려 이르되 이 사람이
죄인을 영접하고 음식을 같이 먹는다 하더라

바리새인들은 율법을 지극히 세심하게 지켰으며, 성경에 불결하고 부정하다고 나온 것들로부터 엄격하게 자신의 삶을 분리한 사람들이었습니다. 그들은 예수님의 행동을 못마땅해 했습니다. 예수님께서는 죄인들을 환영하고 그들과 음식까지 나눠 먹었기 때문입니다.

예수님은 잃어버린 양을 찾은 것처럼 죄인들을 반기셨습니다. 예수님께서 바라보신 죄인들은, 귀한 생명이었으며 주님 앞에 진심으로 회개하는 죄인이었고 그 죄를 사함받은 구원 백성이었습니다.

사람들이 손가락질하고 비난하지 않더라도, 우리는 모두 죄의 속성을 뼛속까지 가진 죄인입니다. 경건한 척, 바른 척하며 사는 바리새인의 모습이 마치 내 모습이 아닌지 돌아보게 됩니다.

죄인을 사랑하시고 구원하시는 따뜻하고 자비로운 예수님의 마음을 묵상합니다. 내가 낫다고 생각하는 마음보다, 나보다 연약

하고 실수가 드러나는 자들에게 따뜻하고 자비롭게 대해야겠다
는 마음을 주심에 주님, 감사합니다. 오늘 예수님 닮아 살도록 도
와주세요.

[누가복음 17:10] 이와 같이 너희도 명령받은 것을 다 행한 후에 이르기를 우리는 무익한 종이라 우리가 하여야 할 일을 한 것뿐이라 할 지니라

우리는 죄인을 정죄하고 그 심판에 정당성을 부여하면서도, 정작 죄를 짓게 만든 사람들에 대해선 무심히 넘기는 경우가 있습니다. 남을 죄짓게 하는 것 중 가장 큰 불행은 아마도 '하나님을 믿지 못하고 떠나게 만드는 것'이라는 생각이 듭니다. 우리의 옳지 못한 행실, 잘못된 언어 습관, 내면의 거짓됨과 교만함이 자신뿐만 아니라 다른 사람을 교회 공동체로부터 멀어지게 하고 결국 떠나게 할 수도 있습니다.

예수님은 하나님 말씀을 명령대로 행하고 모든 일을 다 한 후에 '그저 해야 할 일을 했을 뿐입니다'라고 말하라 하십니다. 무익한 주님의 종으로서 할 일을 하는 건 의무이지 생색낼 일도 아니고 칭찬받을 일도 아니라는 겁니다.

모든 판단은 오직 주님만이 하실 수 있음을 깨달으며 오늘도 주님이 세워주신 이 자리에서 해야 할 의무를 충실히 행하며 살길 기도합니다.

[누가복음 20:47] 그들은 과부의 가산을 삼키며 외식으로 길게 기도하니 그들이 더 엄중한 심판을 받으리라 하시니라

하나님께 기도하며, 어떤 기도가 '잘하는 기도'인지에 대한 궁금점이 많았습니다. 그래서 앞으로는 개인 기도를 하기 전에, 주기도문과 사도신경을 먼저 하기로 했습니다.

주기도문의 마지막 구절은 '다만 악에서 구하옵소서'이며 사도신경의 마지막 구절은 '영원히 사는 것을 믿사옵나이다'입니다. 이것만 봐도, 인간은 죄를 지으며 살기에 '매일 매일 악에서 구하옵소서'라는 기도를 해야 하며, 믿음이 부족하기에 '믿습니다'라는 고백으로 하나님을 향한 신앙을 단단히 해야 하는 존재라는 것을 알 수 있습니다.

그럴싸한 기도, 남이 들어서 매끈하고 긴 기도가 능사가 아니라 진실한 마음으로 내 죄를 아뢰고 회개할 때 용서해주시고 죄 사하시며 평안한 맘을 주실 주님을 의지합니다.

오늘도 진실한 기도로 하나님을 만나고 대화하며 주님의 세밀한 음성을 듣고 힘차게 살길 기도합니다.

끝까지 사랑하시는 분

요한복음

[요한복음 5:24-26] 24 내가 진실로 진실로 너희에게 이르노니 내 말을 듣고 또 나 보내신 이를 믿는 자는 영생을 얻었고 심판에 이르지 아니하나니 사망에서 생명으로 옮겼느니라 25 진실로 진실로 너희에게 이르노니 죽은 자들이 하나님의 아들의 음성을 들을 때가 오나니 곧 이때라 듣는 자는 살아나리라 26 아버지께서 자기 속에 생명이 있음같이 아들에게도 생명을 주어 그 속에 있게 하셨고

영생을 얻는 길은 오직 하나입니다.

"내가 진실로 진실로 너희에게 이르노니 내 말을 듣고 또 나 보내신 이를 믿는 자는 영생을 얻었고 심판에 이르지 아니하나니 사망에서 생명으로 옮겼느니라"(요 5:24)

우리에게 오직 영생을 주시는 예수님을 믿는 것은 쉽지 않습니다. 왜냐하면 눈에 보이지 않기 때문입니다. 그저 믿으면 복을 받는다니까 믿고, 믿어봤자 나쁠 게 없다는 정도로 생각할 수도 있습니다.

그러나 성경에서는 보지 않고 믿는 것이 진짜 믿는 것이라고 말합니다. 그게 참 믿음이고 축복이라고요.

하나님은 인간에게 들려주고 싶은 모든 말씀을 성경에 남기셨으며, 그 말씀은 곧 하나님 자체입니다. 하나님의 말씀을 배우고 익히며 깨닫고 삶에 적용할 때, 가슴으로 느끼는 하나님을 발견하게 됩니다.

말씀 안에 생명과 사랑이 있어서, 그 말씀을 받아들이고 행할 때 내 안에 생명과 사랑이 흐름을 느낍니다. 말씀을 알지 못하면 어찌 성령 충만할 수 있을까요? 어떻게 하나님을 알 수 있을까요?

그래서 매일매일 게으름을 떨치고 말씀 묵상으로 하루를 시작합니다.

[요한복음 8:32-34] 32 진리를 알지니 진리가 너희를 자유롭게 하리라 33 그들이 대답하되 우리가 아브라함의 자손이라 남의 종이 된 적이 없거늘 어찌하여 우리가 자유롭게 되리라 하느냐 34 예수께서 대답하시되 진실로 진실로 너희에게 이르노니 죄를 범하는 자마다 죄의 종이라

예수님은 세상의 빛입니다. 예수를 따라가는 사람은 어둠 속을 걷지 않고 생명의 빛을 얻을 것이며, 예수의 말씀을 마음속에 새기고 산다면 참된 예수의 제자라 하셨습니다.

예수님의 '참된 제자'에게는 "진리를 알게 될 것이며 진리가 너희를 자유롭게 할" 유익이 있다고 합니다. 유대인들은 이 얘기에, 자신들이 이미 애굽에서 종으로 살던 때가 지났고, 아브라함의 자손이라 종이 된 적 없는데 무슨 자유를 얻는 거냐며 발끈했습니다.

그러자 예수님께선 "죄를 짓는 사람은 누구나 죄의 노예"라고 답하십니다. 내 마음에 죄가 있으면, 죄가 우리를 종처럼 부린다는 겁니다. 죄가 주인일 때는, 거짓말로 남을 속이고 교만함으로 다른 사람을 짓밟으며 하나님의 존재를 무시하고 제멋대로 판단

하며 맘대로 살면서 반복적인 죄를 짓게 됩니다.

하지만 예수님의 참 제자가 되면 마음 판에 예수님의 말씀을 새기게 되고, 말씀의 뜻을 깨달아 진리를 알게 되고, 그 진리가 죄를 쫓아내어 죄의 종살이가 끝나게 된다는 겁니다.

죄의 종에서 자유로워지면 어떻게 될까요. 참 평안이 마음에 가득하여 다툼이나 갈등, 시기, 질투, 이기심, 교만, 거짓이 사라집니다.

예수님의 참 제자가 되기 위해 무엇을 어떻게 해야 할지 늘 고민합니다. 진실한 기도를 올리며, 예수님 곁에 딱 붙어있고 싶습니다. 오늘 하루 예수님과 가까이, 더 가까이 동행하는 삶을 살고 싶습니다. 죄의 유혹을 단칼에 물리칠 의지와 결단을 하도록 도와주시고 은혜 안에 거하는 삶을 살도록 인도하여주옵소서.

[요한복음 10:7-9] 7 그러므로 예수께서 다시 이르시되 내가 진실로 진실로 너희에게 말하노니 나는 양의 문이라 8 나보다 먼저 온 자는 다 절도요 강도니 양들이 듣지 아니하였느니라 9 내가 문이니 누구든지 나로 말미암아 들어가면 구원을 받고 또는 들어가며 나오며 꼴을 얻으리라

오늘 말씀에서는 예수님이 양들의 목자이며 양들의 문이라고 합니다. 실제로 양들은 눈이 어두워 길을 잘 못 찾습니다. 그래서 양들은 무리를 지어 다니며 앞서가는 양의 발을 보고 따라가거나, 옆에 가는 양들의 소리를 듣고 움직입니다.

양들의 생존은 늘 가까이서 함께하는 주인의 음성이나 호루라기 소리에 달려있습니다. 주인에게 자신의 몸을 맡기며 생존하는 겁니다. 낯선 사람의 음성이나 다른 신호에는, 오히려 도망친다고 하니 양들에게 주인의 소리는 가장 중요한 생존수단인 겁니다.

우리도 마찬가집니다. 예수님을 통해서만 구원을 얻고 생명의 꼴을 얻으니, 예수님 옆에 딱 붙어 주님의 음성을 잘 듣고 기억해야 합니다. 예수님의 음성이 아닌 다른 삯꾼의 음성을 쫓아가다간 멸망이 있을 뿐이며 온갖 죄악에 물어뜯기게 될 겁니다.

오늘도 선한 목자 되시는 예수님의 음성을 가까이서 듣고 구원을 누리고 싶습니다. 나를 생명의 길로 인도하여주시길 기도합니다.

[요한복음 12:3-6] 3 마리아는 지극히 비싼 향유 곧 순전한 나드 한 근을 가져다가 예수의 발에 붓고 자기 머리털로 그의 발을 닦으니 향유 냄새가 집에 가득하더라 4 제자 중 하나로서 예수를 잡아줄 가룻 유다가 말하되 5 이 향유를 어찌하여 삼백 데나리온에 팔아 가난한 자들에게 주지 아니하였느냐 하니 6 이렇게 말함은 가난한 자들을 생각함이 아니요 그는 도둑이라 돈궤를 맡고 거기 넣는 것을 훔쳐감 이러라

예수님을 영접하는 만찬회가 있던 날, 마리아는 매우 값진 향유를 예수님의 발에 붓고 자기 머리털로 그 발을 닦았습니다.

예수님을 영접하러 온 잔치에서 가장 최고의 선물과 정성으로 예수님을 대한 겁니다. 이를 본 예수님의 제자 가룻 유다는 비싼 향유를 팔아서 가난한 자에게 도와주면 좋았을 것이라며 투덜거 렸습니다. 유다는 셈을 잘하는 사람이었고, 당시 재무 담당이었습니다. 돈주머니에서 사적으로 돈을 꺼내 쓰곤 하였기에, 자기 것을 내어드리는 모습에 아까움을 표했던 겁니다.

현실적으로 향유가 발에 부어 없어지는 것보단 가난한 사람에게 나누어주는 게 그럴듯하게 느껴집니다. 그런데 사실 가룻 유다

는 합리적이고 상식적인 말을 했지만, 그의 속마음에는 도둑질할 생각뿐이었습니다.

삶의 현장에서 타인을 위하는 것 같지만 속으론 자신의 이기심과 만족을 위해 가롯 유다처럼 언행 불일치로 살지 않는지 살펴봅니다. 예수님을 위해 나의 가장 소중한 것을 마리아처럼 아낌없이 내어드릴 수 있을지도 점검해봅니다.

선행을 할 때 누군가에게 보이려고 하거나 인정받기 위해 하지 않고, 주님께 전심으로 드리듯 할 수 있도록 내 마음을 지켜주옵소서.

[요한복음 14:16-17] 16 내가 아버지께 구하겠으니 그가 또 다른 보혜사를 너희에게 주사 영원토록 너희와 함께 있게 하리니 17 그는 진리의 영이라 세상은 능히 그를 받지 못하나니 이는 그를 보지도 못하고 알지도 못함이라 그러나 너희는 그를 아나니 그는 너희와 함께 거하심이요 또 너희 속에 계시겠음이라

예수님은 하늘 아버지께로 가시며, 우리의 은혜를 보호하시는 보혜사를 보내주셨습니다. 바로 성령 하나님입니다. 성령 하나님은 우리와 함께하시며 늘 우리 속에 계시는 분입니다.

예수님이 보혜사를 보내신 이유는, 우리를 고아와 같이 내버려 두지 아니하려 하심입니다. 우리가 어떻게 살아야 하는지도 가르치시며 예수님이 우리에게 말한 것을 모두 생각나게 하시려는 겁니다.

매 순간 성령 하나님은 우리 안에 계셔서, 우리의 생각과 마음이 선한 길로 가도록 인도하십니다. 그러나 우리는 죄의 본성이 있기 때문에, 자기 욕심과 자기만족에 이끌려 죄의 유혹을 받게 되고 이에 끊임없이 죄와 예수님 사이에서 갈등합니다.

예수님은 죄의 유혹에 갈등하며 사는 우리의 모습에 어떤 마음을 가지실까요? 아마도 마음 아파하며 탄식하실 겁니다.

하지만 갈등하고 괴로워하는 거로 죄가 제거되진 않습니다. 끊임없이 보혜사 성령님께 도와달라고 간구하며, 승리하신 예수님을 떠올려야 합니다.

예수님! 우리의 약함을 아시고 보혜사 성령 하나님을 우리에게 보내주신 줄 믿습니다. 나는 죄인이라 의지가 약하고, 죄의 유혹을 받기 쉬우니 저를 도와주옵소서. 죄와 씨름하는 저에게, 예수님의 복음이 격려가 되고 동기가 됨을 고백합니다. 오늘 하루도 승리할 수 있도록 인도하옵소서.

> [요한복음 16:32] 보라 너희가 다 각각 제 곳으로 흩어지고 나를 혼
> 자 둘 때가 오나니 벌써 왔도다 그러나 내가 혼자 있는 것이 아니라
> 아버지께서 나와 함께 계시느니라

예수님은 자신을 따르던 제자들이 자신을 팔 뿐만 아니라 십자가에 피 흘려 죽음에 이를 때 곁에 없을 것까지 아셨습니다. 인간으로서 가장 두렵고 무서운 공포에 처했을 때 사랑하는 가족이나 친구, 제자, 이웃이 아무도 없었으니, 그 비참함과 고독함은 인간이 느낄 수 있는 최악의 고통이었을 겁니다.

그러나 예수님은 혼자 있지 않다고 분명히 말씀하셨습니다. 하나님 아버지께서 함께 계신다고 하시면서 "환난을 당하나 세상을 이겼다"고 선포하셨습니다.

예수님의 이 모습은, 예수님을 믿는 우리들이 환난 중에도 평안을 누릴 것과 예수님 안에 거할 때 우리가 세상을 이미 이겼다는 걸 보여주신 거라고 생각합니다.

주님! 오늘도 예수 그리스도 안에 거하여 살길 원합니다. 삶의 현장에서 동행하심을 느끼게 해주세요. 관계에서 갈등과 분쟁이

일어날 때 그 상황에 매몰되지 않게 해주시며, 사람을 비판하지 않게 하소서. 예수님 마음으로 한 영혼을 바라보며 인내하게 도와 주옵소서.

[요한복음 17:21] 아버지여, 아버지께서 내 안에 내가 아버지 안에 있는 것같이 그들도 다 하나가 되어 우리 안에 있게 하사 세상으로 아버지께서 나를 보내신 것을 믿게 하옵소서

예수님께선 십자가에 못 박히시기 전 하나님께 진실한 기도를 드렸습니다.

"아버지, 이 사람들이 모두 하나가 되게 하여주세요."

하나님이 예수님 안에 계시고, 예수님이 하나님 안에 있는 것처럼 우리가 예수님과 하나님 안에 있길 기도하신 겁니다.

왜 예수님 안에 있게 해달라고 하셨을까···. 예수님은 우리가 하나 되어 살아가는 모습을 원하십니다. 또한, 우리가 서로 하나 되어 예수님과 교제를 누릴 때, 우리에게 하나님의 자녀 된 기쁨과 영광을 허락하십니다.

하나님의 사랑으로 기쁘게 살며, 주님 안에서 우리가 하나임을 믿으며 살길 기도합니다.

[요한복음 19:30] 예수께서 신 포도주를 받으신 후에 이르시되 다 이루었다 하시고 머리를 숙이니 영혼이 떠나가시니라

예수님이 숨을 거두셨습니다. 이미 알고 있는 사실임에도 성경으로 마주하니 눈물이 울컥 나옵니다. 하나님의 계획하에, 예수님은 그 뜻을 이루시도록 순종했습니다.

오늘 하루, 예수님의 십자가를 나의 십자가로 여겨봅니다.

'나는 무엇을 위해 살았을까?'
'난 누군가를 위해 피 흘리기까지 고통을 감수했을까?'
'나는 누군가를 진심으로 사랑했을까?'

묻고 또 물어도 명쾌한 답이 나오지 않습니다. 그저 핑계만 가득합니다. 두려워서, 자신 없어서, 귀찮아서, 게을러서, 그냥 싫어서….

주님! 이전 삶을 벗어던지고 새로운 피조물로 거듭나게 하옵소서. 더 많이 사랑하며 더 많이 이해하며 더 많이 안아주는 사람 되게 하옵소서. 그리고 진심을 다해 하나님을 섬기게 도와주옵소서.

[요한복음 20:22-23] 22 이 말씀을 하시고 그들을 향하사 숨을 내쉬며 이르시되 성령을 받으라 23 너희가 누구의 죄든지 사하면 사하여질 것이요 누구의 죄든지 그대로 두면 그대로 있으리라 하시니라

예수님은 죽은 지 사흘 만에 부활하신 후 제자들이 모인 곳에 나타나셨습니다. 부활을 믿지 못하는 제자들에게 못 박힌 손과 창에 찔린 옆구리를 보여주시고 만져보게까지 하셨습니다. 예수의 부활을 믿음으로, 기쁨과 평강을 주시기 위함이었습니다.

예수님은 제자들에게 믿음의 보상으로 '성령'이라는 큰 선물도 주셨습니다. "누구의 죄든 사하면 사하여질 것이요, 누구의 죄든지 그대로 두면 그대로 있으리라" 하셨습니다.

우리의 연약함과 이기심, 교만으로 누군가의 죄를 용서하기 어려움을 아시기에 성령을 주신 겁니다. 성령의 도움 없이는 죄인을 용서하기는커녕 바라보는 것으로도 끔찍해 할 것을 아시기에 선물 같은 은혜를 주신 겁니다.

오늘 하루 성령의 도우심으로 내 죄를 알게 하시고, 용서해주시며 다른 사람을 용납할 마음을 주시니 감사합니다.

[요한복음 21:15] 그들이 조반 먹은 후에 예수께서 시몬 베드로에게 이르시되 요한의 아들 시몬아 네가 이 사람들보다 나를 더 사랑하느냐 하시니 이르되 주님 그러하나이다 내가 주님을 사랑하는 줄 주님께서 아시나이다 이르시되 내 어린 양을 먹이라 하시고

예수님은 부활하신 후 디베랴 바다에서 제자들과 아침을 드시며, 제자 중 특별히 아끼는 베드로에게 물으셨습니다. "시몬아 네가 이 사람들보다 나를 더 사랑하느냐, 그렇다면 내 어린 양을 먹이라."

두 번째 물으시길 "시몬아 네가 나를 사랑하느냐, 그렇다면 내 양을 치라", 세 번째도 "시몬아 네가 나를 사랑하느냐, 그렇다면 내 양을 먹이라"고 물으셨습니다.

예수님은 베드로에게 왜 이런 질문을 하셨을까요. 베드로가 예수님을 사랑하는 줄 분명히 아셨는데 말입니다.

예수님은 자신이 제자들을 사랑하고 목양한 것처럼, 베드로가 사랑으로 성도를 잘 양육하고 교육해서 영적 성장과 성숙을 이루길 바라신 겁니다. 잘 양육되고 성장한 그리스도인으로 키워, 사

람들이 하나님 자녀로 당당하고 선하게 살길 바라신 겁니다. 특히 예수님의 사랑을 많이 받은 베드로가 그 사랑의 빚진 자로서 책임을 다해주길 원하신 겁니다.

예수님을 더 닮고 싶어 하고 더 사랑한 사람, 예수님과 사랑의 교제를 더 많이 한 사람이 미성숙한 성도와 연약한 성도를 더 돌봐주고 일으켜 세워야 함을 깨닫습니다.

하나님 사랑을 깊이 느끼며 은혜에 젖었던 날들을 그저 혼자 간직하는 것이 아니라 믿음의 동역자와 나누며 함께 서로를 세워야 함을 묵상합니다.

주 예수를 믿으라

사도행전

[사도행전 3:6-8] 6 베드로가 이르되 은과 금은 내게 없거니와 내게 있는 이것을 네게 주노니 나사렛 예수 그리스도의 이름으로 일어나 걸으라 하고 7 오른손을 잡아 일으키니 발과 발목이 곧 힘을 얻고 8 뛰어 서서 걸으며 그들과 함께 성전으로 들어가면서 걷기도 하고 뛰기도 하며 하나님을 찬송하니

오순절 날 제자들은 다락방에 모여 기도하기 시작했습니다. 열두 명의 사도를 확정하고 기도하며, 그곳에 모인 사람들은 성령의 충만함을 받았습니다.

베드로는 오순절 성령 충만함을 받고 예수님의 권능으로 걷지 못하던 사람을 걷게 했습니다. 예수님의 권능이 임하니 모태부터 걷지 못하던 자가 예수를 믿는 믿음으로 걸으며 강건하게 된 겁니다. 예수를 믿는 믿음으로 걷기도 하고 뛰기도 하며 하나님을 찬양하니, 이것이 하나님 백성의 '참모습'이라는 생각이 듭니다.

걷지 못하는 자는 하나님이나 예수님이 누구신지 궁금하기보다 우선 당장 걷게 해달라고 요청했을 겁니다. 베드로는 그런 자들에게 "은과 금은 없어서 못 주지만, 나사렛 예수 그리스도 이름으로 일어나 걸으라"고 합니다. 오른손을 잡아 일으키니 그가 힘

을 얻고 걷게 되었습니다. 베드로의 능력은 예수님의 능력이 임한 것이며 예수님을 믿기에 그의 손을 잡고 명할 수 있었던 겁니다.

예수 그리스도를 먼저 알고 믿은 자가 성전 문밖의 사람에게 손을 내밀고 일으켜 세워야 합니다. 그가 걸을 수 있도록 손 내밀어 잡아주어야 합니다. 이것이 하나님의 사랑에 빚진 자로서 해야할 마땅한 도리임을 깨닫습니다.

주님! 오늘 주위에 도움을 요청하는 자에게 손을 내밀어 잡아줄 수 있도록 제 맘을 풍요롭게 해주시옵소서. 마음이 슬프고 외로운 자가 탄식할 때 그 맘을 위로하며 경청할 수 있는 겸손한 자세를 갖추게 하옵소서.

[사도행전 5:29] 베드로와 사도들이 대답하여 이르되 사람보다 하나님께 순종하는 것이 마땅하니라

하나님 말씀에 순종하는 것이 마땅함에도 하나님 말씀보다 세상 물질과 명예, 자기 자랑에 더 마음을 뺏기며 살았음을 고백합니다.

하나님 아버지! 당신의 말씀이 그 자체로 빛이며 그 빛으로 저희를 비춰주셔서 어둠을 헤치며 살아갈 힘을 주셨나이다.

빛을 받아 어떤 사람은 큰 거울로, 어떤 사람은 작은 손거울로, 또 어떤 사람은 볼품없는 유리 파편을 들고 저마다 빛을 반사하며 자신의 자리에서 빛나게 해주셨음을 감사합니다. 자신의 손에 어떤 거울을 들고 있든, 크든지 작든지 상관없이 빛을 반사할 수 있게 하옵소서.

매일 경건의 시간을 확보해 말씀을 읽고 묵상하며 깨닫게 하시고, 삶으로 실천하게 하옵소서. 작은 것에 감사와 기쁨이 있게 하시고 주님께 영광 올려드리는 매일의 삶이 되길 기도합니다.

[사도행전 6:4] 우리는 오로지 기도하는 일과 말씀 사역에 힘쓰리라 하니

완전하신 분, 영원하신 분, 사랑이신 분, 하나님 아버지! 위대하신 하나님 아버지를 찬양합니다.

태초 전부터 나를 지으시고 계획하셔서 이 땅에서 하나님 자녀로 살게 하시니 감사합니다.

티끌처럼, 먼지처럼, 안개처럼 있다가 사라질 인생이지만 위대하신 하나님 앞에 존재케 하시니 당신 앞에 겸손히 살다 가도록 인도하여주시옵소서.

세상 것에 흔들리지 않고 마음에 요동 없이 평안한 삶을 살게 도와주시옵소서.

[사도행전 7:55, 58, 60] 55 스데반이 성령 충만하여 하늘을 우러러 주목하여 하나님의 영광과 및 예수께서 하나님 우편에 서신 것을 보고 58 성 밖으로 내치고 돌로 칠새 증인들이 옷을 벗어 사울이라 하는 청년의 발 앞에 두니라 60 무릎을 꿇고 크게 불러 이르되 주여 이 죄를 그들에게 돌리지 마옵소서 이 말을 하고 자니라

스데반은 성령 충만하여 말씀을 전파하였습니다. 성령이 충만하니 하나님의 영광과 하나님 우편에 앉아 계신 예수님도 보았습니다. 스데반은 하늘 문이 열려있음을 보았고, 하나님을 믿었기에 돌에 맞아 죽는 순간까지 두렵지 않았습니다. 그는 죽는 순간에도 "주 예수님, 제 영혼을 받아주세요"라고 부르짖으며, "주님, 이 죄를 저 사람들에게 지우지 말아주세요"라고 용서를 구했습니다.

그는 복음을 전파하다가 언젠간 죽음을 맞게 될 걸 알았을 것입니다. 그럼에도 어떻게 복음을 열정적으로 전파할 수 있었을까요?

하나님을 진심으로 사랑했기 때문이라 생각합니다. 하나님을 너무나 사랑하기에 하나님을 위해서 자신의 목숨 따윈 중요하지 않았을 것입니다.

마음에 예수님을 품고 사는 사람은 많을 것입니다. 그러나 진정 하나님을 향한 사랑이 꽉 차서 하늘 문이 열려있음을 보며, 그 길로 들어설 수 있는 사람은 얼마나 있을까요?

나는 지금, 하늘이 열려 예수님을 바라볼 수 있는 신앙생활을 하고 있는지 돌아봅니다.

하나님 아버지! 오늘 이 시간 저에게 성령 충만한 은혜를 주시옵소서. 성령 충만함으로 하늘 문이 열리고 제 입술의 기도가 하늘에 울려 퍼져 하나님과 친밀한 교제가 이루어지길 기도합니다.

사랑하는 하나님 아버지, 당신의 음성을 들려주시고 그 음성에 민감하게 반응하며 신자로서 선하게 살아가도록 도와주시길 예수님의 이름으로 기도합니다. 아멘.

[사도행전 16:31] 이르되 주 예수를 믿으라 그리하면 너와 네 집이 구원을 받으리라 하고

하나님 아버지! 오늘 주 예수그리스도를 믿는 믿음이 더 견고하고 확실해지길 원하오니, 은혜로 덧입혀주세요. 저와 제 가족이 구원을 얻었듯이 저의 언니, 오빠들이, 특히 아들 종현이가 구원을 얻길 기도합니다. 구원을 통해 하나님의 자녀로 선하게 살며 죄 사함을 받고 새롭게 성화하는 삶을 살길 원합니다.

세상의 헛된 것이나 변질되는 것에 욕심을 품고 마음을 빼앗기며 살게 하지 마시고, 영원하고 완전하신 하나님 한 분만을 믿고 살아가게 도와주옵소서!

고난과 역경 속에서 좌절하기보단 하나님께 의지하는 마음을 주셔서 하나님과 더 친밀한 교제가 있게 하시고 교제 속에서 새 생명과 사랑을 입고 은혜 안에 거하게 하옵소서!

예수님의 고난과 보혈의 피가 헛되지 않게 십자가의 흔적을 매일매일 찾게 하시고 각자에게 일어나는 고난을 예수 십자가 고난의 흔적임을 붙들고 역경을 헤쳐나가게 하옵소서!

참 좋으신 하나님 아버지, 오늘도 구원해주심을 감사드리며 주님께 영광과 찬송을 올려 드리길 원하나이다. 감사하오며 예수님 이름으로 기도드립니다. 아멘.

[사도행전 20:21, 24] 21 유대인과 헬라인들에게 하나님께 대한 회개와 우리 주 예수 그리스도께 대한 믿음을 증언한 것이라 24 내가 달려갈 길과 주 예수께 받은 사명 곧 하나님의 은혜의 복음을 증언하는 일을 마치려 함에는 나의 생명조차 조금도 귀한 것으로 여기지 아니하노라

사도 바울이 전도하며 전했던 핵심은, 모든 사람이 회개하고 하나님께 돌아와야 한다는 것과 예수를 믿어야 한다는 것이었습니다. 회개하고, 예수를 믿는 것. 가장 단순하지만 가장 어렵습니다.

회개란 자신의 죄를 뉘우치고 용서를 비는 것인데, 죄가 무엇인지 모르는 사람은 회개란 말 자체를 받아들이지 못할 겁니다. 죄를 안다고 해도 자신의 죄를 쉽게 인정할 수 없을 것입니다. 우리는 자기 합리화에 능한 인간이기에 쉽사리 죄를 인정하지 않습니다. 혹은 죄를 인정했더라도 '다음에 안 그러면 되지'라며 자신의 죄에 너그럽게 반응합니다.

회개는 사람 앞에서 하는 것이 아니라 나를 지으시고 존재케 하신 위대한 하나님 앞에 고백하며 용서를 비는 겁니다.

뉘우치는 것과 회개는 다릅니다. 사람에게 용서를 구하는 것은 변질될 수 있습니다. 잊히기도 하고, 임시방편의 용서이기에 영원할 수 없습니다. 인간 자체가 영원하지 않은 존재이며 부패한 죄성을 갖고 있기 때문에 상대가 용서한다고 해도 그것이 영원한 것인지 의심하게 되는 것입니다. 또 용서해준 사람 역시 죄를 지을 수 있는 나약한 존재입니다.

그러나 하나님은 영원하시고 완전하시며 죄가 없으시기에 회개만 하면 용서해주시는 분인 줄 믿습니다.

좋으신 하나님 아버지! 오늘도 저는 눈치 재지 못하고 그냥 넘긴 죄가 많습니다. 알고 지은 죄는 더 많습니다. 사람에게 용서를 구하는 것이 아니라 이 모든 것 다 아시는 하나님 아버지께 용서를 비는 신자이게 하옵소서.

사랑에 빚진 자

로마서

[로마서 1:21-24] 21 하나님을 알되 하나님을 영화롭게도 아니하며 감사하지도 아니하고 오히려 그 생각이 허망하여지며 미련한 마음이 어두워졌나니 22 스스로 지혜 있다 하나 어리석게 되어 23 썩어지지 아니하는 하나님의 영광을 썩어질 사람과 새와 짐승과 기어다니는 동물 모양의 우상으로 바꾸었느니라 24 그러므로 하나님께서 그들을 마음의 정욕대로 더러움에 내버려두사 그들의 몸을 서로 욕되게 하게 하셨으니

사랑이 많으신, 모든 것을 아시며 감찰하시는 하나님 아버지! '하나님을 믿는다'면서 하나님 말씀을 소홀히 여기고 마음에 새기지 못하며 살아온 날들이 너무나 많습니다. 하나님 말씀을 듣고 믿음으로 순종해야 했지만 그러지 못한 날들도 셀 수 없이 많습니다. 나 자신만을 믿고 교만했으며, 내 생각과 판단이 삶의 기준이 되어 오랜 세월 방황하였나이다. 스스로 잘난 척했지만, 실상은 어리석었습니다. 썩어 없어질 세상의 재물과 겉치레에 마음을 쏟았습니다.

용서하여주시옵소서. 저의 탐심과 시기와 다툼과 악의로부터 저를 건져주시옵소서. 남을 미워하고 증오하는 언행을 거두시고, 진심으로 회개하는 영을 부어주소서. 두 손 모아 기도합니다.

[로마서 5:8] 우리가 아직 죄인 되었을 때에 그리스도께서 우리를 위하여 죽으심으로 하나님께서 우리에 대한 자기의 사랑을 확증하셨느니라

사랑이 많으신 하나님 아버지! 죄인 된 나에게도 "너는 내 것이라, 내가 너를 지명하여 불렀다" 하시며 사랑해주셨습니다. 죄인이었으나 예수 그리스도의 십자가 보혈로 죄를 사해주시고 구원에 이르게 하셔서 하나님과 화평하게 하시니 감사합니다.

부모님의 사랑이 완전하지 않았어도 괜찮습니다. 남편의 사랑이 불완전해도 무엇이 서운하겠습니까. 자식과 정서적 교감이 넘치지 않아도 부러울 것이 없나이다. 친구와의 우정, 형제의 우애가 약한들 불만과 투정이 있겠나이까.

하나님 아버지! 위대하신 하나님 아버지가 나를 사랑하시고, 그 사랑을 이미 굳게 입증해주셨는데 무엇이 더 완전한 사랑일까요?

그 사랑 주심에 너무나 감사합니다. 그 사랑 느낄 수 있음에 은혜가 넘칩니다. 하나님 사랑에 기쁜 삶을 살며, 감사한 삶을 살며 보답해나가길 예수님 이름으로 기도드립니다.

[로마서 6:4-5] 4 그러므로 우리가 그의 죽으심과 합하여 세례를 받음으로 그와 함께 장사되었나니 이는 아버지의 영광으로 말미암아 그리스도를 죽은 자 가운데서 살리심과 같이 우리로 또한 새 생명 가운데서 행하게 하려 함이라 5 만일 우리가 그의 죽으심과 같은 모양으로 연합한 자가 되었으면 또한 그의 부활과 같은 모양으로 연합한 자도 되리라

사랑이 많으신 하나님 아버지! 아침마다 하나님 아버지께 기도드리며 회개하게 하시고 감사한 것들을 발견하며 살게 하시니 감사합니다. 죄와 분투하게 하시고 마음을 정결케 하고자 애쓸 때 힘 주시니 은혜가 넘칩니다.

예수 그리스도를 내 마음으로 인정하고 믿으며 그 뜻을 따라 살고자 하오니 은혜를 내려주옵소서. 예수 그리스도와 함께 연합한 자로서 예수님이 십자가에 못 박혀 죽으실 때 저 또한 죽었습니다.

내가 죽음은 새로운 생명으로 살아가게 하려는 것임을 깨닫게 해주시니 감사합니다. 예수 그리스도와 내가 연합한 자가 되었으니 예수의 부활하심과 같이 나도 다시 살아나서 그 모양대로 살게

됨을 믿게 하시오니 감사합니다.

내 죄는 십자가에 못 박고 다시는 죄에게 종노릇하지 않고 살길 기도합니다. 죄에 대하여 죽은 자요, 예수 안에서 하나님께 대하여는 살아있는 자로 여기시니 오직 믿음으로 순종하는 삶을 살도록 은혜 내려주시옵소서.

남은 삶은 부활의 소망을 잊지 않고 하나님이 부르실 때 감사로 화답하며 미련 없이 하늘나라에 갈 수 있도록 제 마음을 지키며 단련하며 살도록 인도하여주시길 예수님 이름으로 기도드립니다.

[로마서 9:21-24] 21 토기장이가 진흙 한 덩이로 하나는 귀히 쓸 그릇을, 하나는 천히 쓸 그릇을 만들 권한이 없느냐 22 만일 하나님이 그의 진노를 보이시고 그의 능력을 알게 하고자 하사 멸하기로 준비된 진노의 그릇을 오래 참으심으로 관용하시고 23 또한 영광 받기로 예비하신바 긍휼의 그릇에 대하여 그 영광의 풍성함을 알게 하고자 하셨을지라도 무슨 말을 하리요 24 이 그릇은 우리니 곧 유대인 중에서뿐 아니라 이방인 중에서도 부르신 자니라

하나님은 토기장이가 되셔서 진흙 한 덩이로 귀히 쓸 그릇도 만드시고 천히 쓸 그릇도 만드셨습니다. 하나님을 믿는 우리는 귀히 쓰일 그릇이요, 자비의 그릇이며 후에 하나님 영광을 드러내도록 만드셨다고 로마서 9장 23절은 말합니다.

하나님께서 미리 만들어놓으신 귀한 그릇이요, 자비의 그릇이 바로 우리 자신이라는 것입니다. 세상에 하나님을 믿는 귀한 그릇만 있으면 문제가 없을 거 같은데 천하게 쓸 그릇을 만든 이유는 뭘까요?

천하게 쓸 그릇조차 귀히 쓸 그릇에게 주실 영광이 얼마나 풍성한지를 보이시기 위함이라 성경은 말합니다. 마치 빛만 존재하

면 그 밝음을 당연하다고 여기지만, 어둠이 있으면 그 빛이 얼마나 소중하고 귀한지 알게 되는 것처럼 말입니다.

천하게 쓰일 그릇이라 당장 깨부숴도 되지만, 하나님은 당신의 진노와 권능을 드러내 부수지 않으시고 오랫동안 참아주시면서 우리가 더 영광스럽게 살도록 인도하심을 깨닫게 됩니다.

하나님은 부족하고 천한 그릇을 보시며 참으시는데, 죄인이고 죄를 지을 가능성이 많은 우리가 나보다 더 부족하고 답답한 사람 혹은 더 잘나고 유능해 보이는 사람을 못 참고 시기하며 분노하는 것이 얼마나 우습고 어리석은 일인지 자문해봅니다.

그리스도의 마음을 품고 사는 우리는 귀한 사람이며 자비의 사람이 되어서 하나님의 영광을 풍성하게 드러내야 할 줄 믿습니다.

자비로우신 하나님! 오래 참고 기다려주시는 하나님! 오늘 하루 귀한 그릇처럼 소중하게 쓰임 받도록 인도하여주시길 예수님 이름으로 기도드립니다.

[로마서 15:7] 그러므로 그리스도께서 우리를 받아 하나님께 영광을 돌리심과 같이 너희도 서로 받으라

하나님 아버지를 아버지라 부르며 그분의 영광을 드러내는 사람들은 한마음 한뜻으로 뭉쳐야 함을 묵상합니다. 한마음 한뜻이 되기 위해서는 서로 다른 상대를 받아들이고 용납해야 합니다. 서로의 유익과 기쁨을 접고 하나님의 뜻을 위해 한목소리를 낼 때 하나님을 영광스럽게 해드릴 수 있습니다.

한마음이 되는 것, 한목소리를 내는 것은 말처럼 쉽지 않습니다. 서로의 지식과 능력, 가치관, 에너지, 감정의 상태 등 모든 것이 다르기 때문입니다. 그러나 로마서 15장 7절에선 한마음이 될 수 있는 비전을 제시합니다. 확실한 방법이 있으니 믿고 해보라는 겁니다.

대체 우리가 누구이길래 예수께서 십자가에 못 박히시며, 죄인인 우리를 구원한단 말입니까? 우리는 자기 사랑과 교만, 자기 정욕에 눈먼 형편없는 사람이며 죄로 죽을 수밖에 없는 존재 아닙니까?

그럼에도 주님은 긍휼한 마음으로 우리를 받아들이고 용납하셨습니다. 예수 그리스도께서 그리하셨으니 우리도 서로를 받아들이고 용납하며 긍휼한 맘으로 끌어안아 보라는 겁니다. 서로를 끌어안는 게 하나님을 기쁘시게 하는 일이며 하나님 영광을 높이는 일이니까요.

긍휼이 많으신 하나님 아버지! 참고 기다리시는 하나님 아버지! 오늘 하루 우리 서로가 긍휼한 맘으로 상대를 용납하고 받아들여서 한마음, 한뜻, 한목소리로 주님을 찬미하게 도와주시옵소서.

영광 받기에 합당한 주님, 오늘 저에게 상대를 품고 온유한 말과 행동으로 하나님의 뜻을 이뤄가게 도와주시옵소서.

하나님은 사랑이시라

요한 일 · 이 · 삼서, 요한계시록

[요한일서 1:9-10] 9 만일 우리가 우리 죄를 자백하면 그는 미쁘시고 의로우사 우리 죄를 사하시며 우리를 모든 불의에서 깨끗하게 하실 것이요 10 만일 우리가 범죄하지 아니하였다 하면 하나님을 거짓말하는 이로 만드는 것이니 또한 그의 말씀이 우리 속에 있지 아니하니라

은혜가 풍성한 하나님 아버지! 우리가 죄를 고백하기만 하면 모든 죄를 용서해주시고 깨끗이 씻어주시니 감사합니다.

내가 죄를 짓지 않았다고 주장하는 건 자기 합리화이자 나 자신에게 너그러운 태도입니다. 그리고 결국엔 하나님을 거짓말쟁이로 만드는 것이니 얼마나 어리석은 일이겠습니까. 하나님을 거짓말쟁이로 만드는 건 하나님을 저버리고 하나님을 무시하는 것이니, 거짓말로 더 큰 죄를 짓게 됨을 알았습니다.

무한한 참으심과 사랑으로 우리 죄를 용서하시고 품어주시는 하나님, 오늘 하루 주님을 거짓말쟁이로 만들지 않도록 주님 말씀에 붙잡혀 거짓말하지 않으며 자기 자신에게 너그러운 자가 되지 않도록 인도하여주세요.

[요한일서 3:15] 그 형제를 미워하는 자마다 살인하는 자니 살인하는 자마다 영생이 그 속에 거하지 아니하는 것을 너희가 아는 바라

하나님 아버지, 자기의 형제나 자매를 미워하는 사람은 누구나 살인을 하는 자라고 못 박으셨습니다.

그동안 저는 '미움'은 내가 아닌 상대방의 허물로 인함이라 여기며 어쩔 수 없는 감정이라고 합리화했고, 나 스스로를 방어할 수 있는 공격 무기로 사용하였습니다.

모든 것을 낱낱이 아시는 주님께선 죄인인 나 자체를 그대로 받아주시고 용서해주셨으며 목숨까지 버리셨습니다. 그런데도 보잘것없는 죄인인 저는 상대를 미워할 수밖에 없노라고 항변만 했으니 부끄럽고 죄송한 마음이 듭니다.

형제자매를 미워하는 것은 사랑을 역행하는 것이며 성령 하나님을 근심케 하는 것인 줄 알았으니 이제 그 허물과 죄악에서 벗어나 생명과 사랑이 넘치는 성도로 살아가길 예수님 이름으로 기도드립니다.

[요한삼서 1:2-3] 2 사랑하는 자여 네 영혼이 잘됨같이 네가 범사에 잘되고 강건하기를 내가 간구하노라 3 형제들이 와서 네게 있는 진리를 증언하되 네가 진리 안에서 행한다 하니 내가 심히 기뻐하노라

사랑하는 가족에게 편지를 씁니다.

나는 우리 가족 구성원인 남편 김석배, 딸 지혜, 아들 종현이의 영혼이 평안하고 범사가 형통하며 건강하길 빕니다.

서로 떨어져 살거나 연락이 없을 때 혹은 만나지 못할 피치 못할 형편이 되었을 때 그대들의 친구나 이웃이나 형제가 와서 그대들이 진실 되게 살고 있으며 하나님 말씀을 따라 살고 있음을 전해 듣고 싶습니다.

그대들이 범사에 감사하며 영혼이 맑고 순수하며 하나님을 경외하는 데 게으르지 않다고 증거해주면 참 행복하겠습니다. 육체 또한 건강해서 자족하며 살고 성실하게 살며 타인의 도움 없이도 잘 산다는 소식에 행복하겠습니다.

무엇보다 그대들에게 당부하고 싶은 말이 있습니다.

영적 게으름에 빠지지 말고 부지런함과 열성으로 하나님 말씀을 가까이하고 기도에 매진하라는 것입니다. 하루 세끼 밥을 먹듯 매일 공기를 마시듯 하나님의 말씀을 마음에 매일 새기며 진실 되게 살아주십시오.

그것은 엄마로서, 아내로서 그대들에게 바라는 것이자 창조주이신 하나님께서는 더 바라시고 기뻐하시는 모습입니다. 시간이 무한정 주어지지 않으니 세월을 아끼고 살아갑시다.

[요한계시록 2:4-5] 4 그러나 너를 책망할 것이 있나니 너의 처음 사랑을 버렸느니라 5 그러므로 어디서 떨어졌는지를 생각하고 회개하여 처음 행위를 가지라 만일 그리하지 아니하고 회개하지 아니하면 내가 네게 가서 네 촛대를 그 자리에서 옮기리라

우리의 모든 행위와 생각, 마음의 중심까지 다 아시는 하나님, 긍휼히 여겨주옵소서.

매일 기도하고 묵상하며 말씀을 지키려 노력하지만 그 인내와 수고에도 불구하고 하나님을 진실 되게 사랑하는 마음이 희미해진 채 반복적인 죄를 짓고 세상의 헛된 것에 마음을 빼앗겼습니다.

또한 하나님을 믿는 자라 선포하면서도 친구나 형제, 가족이 우상을 숭배하고 세상 정욕에 빠져 믿음을 저버릴 때 그들을 내버려 두었나이다.

마땅히 하나님께 돌아오게 권유하고 함께 연합하여 회개했어야 했는데 그러지 못했음을 고백합니다. 회개하지 않는다면 큰 환난을 당하고 그의 자녀를 죽이기까지 하신다는 말씀을 마음에 새

기겠나이다. 우리 각 사람의 행위대로 갚아주리라는 말씀을 무겁게 받아들이며 살아가게 하옵소서.

환난이나 죽음이 두려워 계명을 따르는 소극적이고 소심한 사람이 되게 하지 마시고, 하나님을 진심으로 사랑하여 계명을 지키는 적극적이고 자신감 넘치는 삶을 살도록 인도하여주시길 예수님의 이름으로 기도드립니다.

[요한계시록 8장(전체)]

　사랑이 많으신 하나님 아버지! 오늘도 새로운 날을 맞게 하시고 살아 숨 쉬게 하시니 감사합니다. 무엇보다 남편이 백신 2차 접종을 했는데 이상 반응 없이 삼 일째를 맞게 하셨습니다. 한 치 앞도 내다볼 수 없는 상황 속에서 주님을 의지하게 하시고 마음의 평안을 갖게 하심에 감사드립니다.

　주 나의 아버지, 나의 모든 걱정과 염려, 필요한 모든 것을 아시고 때에 맞게 공급해주시고 채워주시니 힘이 납니다. 우상을 섬기지 않고 하나님을 섬기게 인도해주신 것도 감사합니다.

　큰딸 지혜가 건강하게 직장 생활하며 하나님을 경외하며 살아가게 하심에 감사합니다. 착한 심성과 넉넉한 마음으로 가족과 친구, 여러 이웃을 대하고 관계 맺게 인도하심에 감사합니다. 하나님을 영적 아버지로 의지하고 모든 것을 맡기며 순종하는 삶을 살도록 늘 동행하시고 살펴주시니 감사합니다.

　아들 종현이가 가족을 떠나 산학 협력 장학금으로 석·박사 과정을 밟게 하시고 건강하게 공부할 수 있게 하심에 감사합니다.

종현이가 세상적인 성공과 만족에 안주하지 않고 하나님의 뜻을 따라 살기를 원하오니 그 영혼을 구원하여주시옵소서.

하나님을 아버지라 부르며 하나님을 기쁘시게 하는 삶, 성실하고 반듯한 삶, 정직한 삶을 살아가도록 인도하여주옵소서. 오늘도 하나님 말씀을 묵상하며 가족을 위해 기도할 수 있는 마음을 주심에 감사드리며 예수님 이름으로 기도합니다.

[요한계시록 12장(전체)]

하나님 아버지! 오늘도 주님의 뜻이 무엇인지 묻고 깨달으며 살기를 원합니다.

인생이 안개처럼 피었다가 사라지듯 우리의 삶은 왔다가 가는데 움켜쥐고 욕심내며 마음이 욕망으로 가득 찼습니다.

사람으로 인해 기쁘고 슬픈 삶은 이제 자연스럽게 정리하게 하시고 하나님과 그 나라의 일을 위해 기쁘고 슬픈 마음이 되도록 지경을 넓혀주시옵소서.

소소한 일상에서도 하나님을 나의 아버지, 나의 구주로 고백하는 것이 가장 큰 감사임을 잊지 않게 하옵소서.

오늘 하루 마음의 무거운 짐이 있다면 주님 앞에 내려놓고 가볍고 산뜻하게 살기를 예수님의 이름으로 기도드립니다.

[요한계시록 18(전체)]

은혜가 풍성한 하나님 아버지! 모든 것을 아시고 모든 것을 지켜보시며 당신에게 향하길 기다려주시니 감사합니다.

나 자신이 죄인인 줄도 모르고 죄인이 아닌 척하며 살았습니다. 죄인 취급받으면 기분 나빠하며 상대방을 더 아프게 하며 살았습니다.

'죄인 중에 내가 괴수'라 고백한 바울 사도의 고백이 그만의 고백이 아닌 저의 고백이 되도록 저를 깨우치시고 깨닫게 도와주옵소서. 죄인이지만 죄 중에 얽매어 옴짝달싹 못 하는 인생이 아니라 주님을 바라보며 죄의 사슬을 풀며 힘차게 살아가게 하옵소서.

다른 사람의 시선이나 판단에 기준을 맞추고 사는 인생이 아니라 하나님의 시선에 맞추어 살아가는 인생이게 하옵소서.

하나님 아버지께서 늘 지켜보시며 강한 손으로 잡아주셔서 담대히 살아가게 도와주시길 예수님의 이름으로 기도드립니다. 아멘~

제3부

나의 피난처가 되신
하나님 아버지

시편 1-50장

[시편 2:11] 여호와를 경외함으로 섬기고 떨며 즐거워할지어다

창조주 하나님 아버지! 오늘 하루도 당신께 의지하며 은혜 내려주시길 간구합니다.

저의 옛 본성, 나쁜 습관, 언어, 생각 들을 죽이게 하시고 새 사람으로 거듭나도록 손잡아주시며 일으켜 세워주세요. 죄로 인해 신앙이 후퇴하거나 멈추지 않도록 동행하여주시고 힘 주시옵소서.

저로 인해 가족이나 친구들이 맘을 다치고 쓰러질까 두렵고 우울합니다. 저로 인해 그들이 힘들거나 지치게 마시고 삶의 자리에서 방황하거나 슬퍼하게 하지 마소서. 오직 주야로 하나님 말씀을 묵상하며 경외함으로 섬기고 떨며 여호와께 피하는 복된 자로 살길 소망합니다. 아멘.

[시편 5:11] 그러나 주께 피하는 모든 사람은 다 기뻐하며 주의 보호로 말미암아 영원히 기뻐 외치고 주의 이름을 사랑하는 자들은 주를 즐거워하리이다

사랑이 많으신 하나님 아버지! 이 아침 당신께 피신합니다. 당신에게 피신하는 것이 세상 사람이나 권력이나 재물이 있는 자에게 피하는 것보다 더 안전하고 영원히 기뻐할 수 있음을 믿습니다.

주 앞에서 기뻐할 때 그 기쁨을 지켜주시며 은혜 주실 줄 믿습니다. 세상의 모든 것은 변하고 썩으며 영원하지 않습니다. 사람의 사랑도 변질되고 오염되어 믿을 수 없습니다.

세상과 사람이 주는 기쁨은 완전하지 않으며 그 누구도 완전하지 않기에 행복을 줄 수 없음을 깨닫습니다. 오직 주님을 믿으며 그 안에 거할 때 기쁨을 주시고 평안을 주시며 영원한 생명과 사랑을 받을 수 있음을 믿습니다.

[시편 8:1, 9] 1 여호와 우리 주여 주의 이름이 온 땅에 어찌 그리 아름다운지요 주의 영광이 하늘을 덮었나이다 9 여호와 우리 주여 주의 이름이 온 땅에 어찌 그리 아름다운지요

하나님 아버지! 주의 이름이 어찌 이리 크며 위대하며 아름다운지요. 이 땅의 그 무엇보다 존귀하고 영원하시니, 주님의 영광이 이 땅과 하늘에 가득합니다.

만물 중 하나인 우리가 무엇이길래 그 죄를 다 용서하시고 자녀 삼아주시며 기뻐하시는지요. 그 큰 은혜에 너무나 감사합니다. 우리의 죄까지 하나님의 위엄과 영광으로 덮으시기에 매일 죄와 은혜의 사이를 오가며 방황하나 용기 내어 살아감을 고백합니다.

뛰어난 지혜를 가진 자, 권력 있는 자, 명예를 가진 자가 있다 한들 2,000년간 지속되어 변함없이 위엄 있고 영원하며 아름다운 이름은 이 땅에 있지 않았습니다.

시대가 변해도 공간이 변해도 시공간을 뛰어넘는 위대하신 하나님 아버지를 찬양합니다. 그 하나님을 알게 하시고 '하나님 아버지'라 부르며 하루를 시작할 수 있으니 감사합니다. 아멘.

[시편 14:1-4] 1 어리석은 자는 그의 마음에 이르기를 하나님이 없다 하는도다 그들은 부패하고 그 행실이 가증하니 선을 행하는 자가 없도다 2 여호와께서 하늘에서 인생을 굽어살피사 지각이 있어 하나님을 찾는 자가 있는가 보려 하신즉 3 다 치우쳐 함께 더러운 자가 되고 선을 행하는 자가 없으니 하나도 없도다 4 죄악을 행하는 자는 다 무지하냐 그들이 떡 먹듯이 내 백성을 먹으면서 여호와를 부르지 아니하는도다

하늘에 계신 하나님 아버지! 지금도 하늘에서 세상을 내려다보시며 우리의 인생을 살피시고 하나님 이름을 부르는 자를 바라보시나이다.

어리석고 교만한 자들이 "하나님이 어디 있느냐?" 하면서 조롱하고 비난하며 하나님을 대적하나이다. 그들은 제멋대로 살며 추하며 불결하여 악취가 나나이다. 그들은 선한 삶을 사는 자를 폭력으로 짓밟고 하나님을 두려워하지 않나이다. 그럴지라도 우리가 그들을 정죄하지 않게 하시고 품고 기도하는 긍휼한 맘을 갖게 도와주시옵소서.

사랑이 많으신 하나님 아버지! 가난한 자, 고통받는 자를 외면

치 마시고 피난처가 되어주실 줄 믿습니다.

절망의 때에 하나님의 초월적 사랑과 은혜를 내려주셔서 하늘에 소망을 두며 살게 도와주세요. 절망의 때에 우리의 기도가 절망을 벗어나길 구하는 기도를 넘어서 하나님 관점으로 기도할 수 있도록 생각을 전환하게 도와주세요.

주님이 하나님이신 것과 나 자신이 하나님의 종인 것을 기도하게 하시고 하나님은 선하시며 살아계시며 하나님을 찾는 자에게 은혜 주심을 믿음으로 반응하며 살게 하옵소서. 우리의 삶이 개인의 행복과 만족을 추구하는 데 그치지 않고 하나님 영광을 드러내는 삶을 살도록 용기 내게 도와주옵소서.

[시편 15:3] 그의 혀로 남을 허물하지 아니하고 그의 이웃에게 악을 행하지 아니하며 그의 이웃을 비방하지 아니하며

사랑이 많으신 하나님 아버지! 우리의 작은 신음에도 응답하심을 믿습니다. 인생의 험곡을 지날 때 그 고난으로 자신을 해하고 타인을 해하는 어리석음을 행하지 않게 도와주세요. 혀를 거칠게 놀려 남의 잘못을 들추고 비방하지 않게 하시고 친구와 이웃을 모욕하지 않게 입술을 주장하여주시길 기도합니다.

인생의 고난과 괴로움에 치여서 하나님을 등지거나 소홀하지 않도록 말씀으로 영혼을 깨워주세요. 영적 침체 또는 환경을 핑계로 하나님이 주신 사명을 돌아보지 못하고 불평하며 자신의 판단만 믿고 살았음을 고백하오니 이 모든 것을 용서하여주시옵소서.

고난 뒤에 펼쳐진 하나님의 사명, 저를 지으신 창조의 목적, 그 목적을 소망하며 작은 일에 고민하지 않고 담대히 살아가게 하옵소서.

내가 살아야 할 이 자리, 이 순간을 감사하며 기쁘게 살아가도록 은혜 내려주시길 예수님 이름으로 기도드립니다.

[시편 18:6] 내가 환난 중에서 여호와께 아뢰며 나의 하나님께 부르
짖었더니 그가 그의 성전에서 내 소리를 들으심이여 그의 앞에서 나
의 부르짖음이 그의 귀에 들렸도다

오늘도 살아계셔서 역사하시는 하나님 아버지! 주를 찬양하고
예배하나이다.

내가 환란 중에 여호와 하나님 당신을 부르지 못하고 힘겨워
아파할 때 내 고통과 울음을 들으시고 나의 속마음을 살피시며 위
로하여주셨음을 고백합니다.

나의 아픈 신음과 슬픈 울음소리를 하나도 놓치지 않고 들으시
고 선한 삶을 살도록 동행하셔서, 흔들리는 중에도 살아낼 수 있
었습니다. 모든 것이 주의 은혜요, 사랑임을 고백하며 감사드립니
다.

[시편 20:4] 네 마음의 소원대로 허락하시고 네 모든 계획을 이루어 주시기를 원하노라

사랑과 은혜가 풍성하신 하나님 아버지~ 이 아침 하나님 아버지 이름을 부릅니다. 하나님 아버지~ 제 마음의 소원을 올려드리니 들으시고 응답하옵소서. 제 기도의 제목과 모든 계획을 들으시고 허락하시옵소서.

우리 가정에 성령의 불이 내려지길 원합니다. 10월 25일~27일 (월~수)까지 말씀 사경회가 있습니다. 말씀을 사모하는 맘을 간절하게 하시고 말씀을 전하는 자에게 권능을 주셔서 듣는 자에게 성령 충만함과 영적 부흥이 일어나길 간구합니다.

남편 김석배 집사가 성령 충만함을 입고 하나님 말씀을 더 사모하며 하나님의 은혜와 사랑으로 옛 사람을 벗어던지고 새사람이 되게 하옵소서. 자신의 생각과 마음으로 살지만 그 맘속에 성령이 역사하여 그의 마음과 생각을 주관하시고 지혜를 주셔서 참 그리스도인이 되길 소망합니다.

또한 딸 지혜가 하나님 나라의 뜻과 목적을 위하여 인생을 계

획하고 살아가길 원합니다. 문제 상황을 넘어 그 속에 담긴 하나님의 뜻과 비전을 발견하고 더 높고 더 깊은 기도를 하게 하시고 하나님 나라를 증거하며 살게 인도하여주시옵소서.

또한 인생의 반려자, 믿음의 동역자를 만나 서로 돕고 세워주며 섬기는 가정을 갖도록 아름다운 만남을 주선해주시고 축복하여 주시옵소서.

아들 종현이가 하나님의 사랑을 외면하거나 대적하지 말게 하시고 속히 영혼을 구원하여주시옵소서. 하나님을 성전에서 예배하며 찬송 드리는 축복을 주시옵소서. 죄 중에 있다면 속히 빠져나오게 손잡아주시고 일으키시며 죄를 물리칠 힘과 지혜를 부어 주시옵소서.

종현이가 긴 학업과 연구로 몸과 마음이 지치지 않게 하시고 하나님의 사랑과 생명으로 영혼에 생기를 얻게 도와주옵소서. 믿는 자에게 능치 못할 일이 없다 하셨으니 종현이에게 하나님을 믿고 의지하는 마음을 주시고 매일 감사하며 기쁘게 살아가게 인도하소서.

제가 늘 우리 가정을 위해 새벽기도를 드리며 믿음이 더하길 기도하게 하시고 하나님은 나의 주시며 나는 주님의 종임을 매일 인정하며 주 안에서 기쁨과 감사가 넘치는 삶을 살게 하옵소서.

[시편 22:22, 30] 22 내가 주의 이름을 형제에게 선포하고 회중 가운데서 주를 찬송하리이다 30 후손이 그를 섬길 것이요 대대에 주를 전할 것이며

사랑과 은혜가 풍성한 하나님 아버지~ 어제 가을 말씀 사경회를 통해서 하나님이 제 손을 잡고 신앙의 발걸음을 떼게 하시고 안아주시며 지금까지 인도해주심을 회상하게 해주시니 감사합니다. 지금까지 모든 것이 하나님 은혜입니다.

결혼하여 지혜와 종현이를 키우며 삶의 무게가 막중했지만, 딴 데로 눈 돌리지 않고 버티며 살아왔습니다. 경제적으로 크게 부유하지도 않고 끼니를 걱정할 만큼 가난하지 않게 살게 해주심에 감사합니다.

성격과 가치관, 생활 습관 하나하나까지 모두 다른 남편 그리고 자녀들과 갈등 속에 놓이지 않고 한 가정을 이루며 지금까지 지내온 것이 모두 하나님의 은혜임을 고백합니다.

걸음마 하던 신앙생활에서 걷고 뛸 수 있게 하시고 성숙한 단계로 이끄시는 하나님, 하나님 말씀의 능력을 알게 하시고, 믿게

하시며, 기쁘게 예배드리고 성도와 교제하며 사랑을 느끼게 하시니 감사합니다.

말씀 묵상을 통해 주님의 뜻이 무엇인지 발견하게 하시고 성령 충만하게 하시니 지금 이 순간, 여기에서 기쁘고 설레며 행복합니다. 주의 이름을 나의 형제자매에게 알리고 예배 회중 한가운데서 주님을 찬양합니다.

내 자녀가 주님을 섬기고, 후세의 자손도 주님이 누구신지 듣고 알아 구원해주시는 주님을 증거하며 살길 기도합니다.

[시편 26:11] 나는 나의 완전함에 행하오리니 나를 속량하시고 내게 은혜를 베푸소서

은혜로우신 하나님~ 죄인 된 본성으로 살다 보니 넘어지고 쓰러질 때가 너무 많습니다.

오늘 하루 세상 자랑과 판단, 욕심으로 제 마음과 생각이 헛된 것을 바라보지 않게 하시고 하나님을 바라보게 도와주옵소서. 서 있는 그 자리에서 손을 내밀어 주님을 붙잡을 수 있도록 힘을 주시옵소서.

하나님 사랑의 밧줄에 묶여서 살길 원합니다. 그 힘으로 주위 사람에게도 손 내밀어 붙잡아줄 수 있는 넉넉한 마음과 사랑을 채워주옵소서.

아브라함이 아들 이삭을 하나님께 제물로 드릴 수 있었던 부활 신앙을 갖고 싶습니다. 사랑하는 아들이 죽어 제물로 바쳐진대도 다시 살리신다는 것이 저에게도 믿어지게 하시옵소서.

갑작스러운 부르심에도 초연할 수 있는 믿음과 소망을 갖길 원

합니다. 두려움을 이겨내고 천국 소망을 붙잡게 인도하옵소서. 여행 같은 인생길 무거운 짐 내려놓게 하시고 가볍게 살아가게 하옵소서.

[시편 28:7] 여호와는 나의 힘과 나의 방패이시니 내 마음이 그를 의지하여 도움을 얻었도다 그러므로 내 마음이 크게 기뻐하며 내 노래로 그를 찬송하리로다

여호와는 나의 힘이요 방패가 되십니다.

진흙탕 같은 현실 속에 허우적대다 겨우 생명만 연명하는 삶으로 내버려두지 않으시고 사랑으로 감싸 안아주셨기에 지금 이렇게 밝은 모습으로 살아가고 있습니다.

나의 도움이 되시고 방패가 되신 하나님 아버지! 내 마음이 크게 기쁘며 주님을 향한 사랑에 보답하며 살고 싶습니다. 주님~ 그 사랑, 갚으며 살아가게 도와주옵소서. 그 사랑이 흘러 궁핍한 영혼, 슬프고 지친 영혼을 세우며 살게 도와주옵소서.

하나님 이름을 소리 높여 부르게 용기를 주시고 힘차게 찬양 올리게 저를 세워주십시오. 어린아이처럼 기쁘고 설레는 맘으로 하나님 사랑과 평화를 마음껏 소리치는 순수한 영을 주시옵소서.

[시편 30:6-8] 6 내가 형통할 때에 말하기를 영원히 흔들리지 아니하리라 하였도다 7 여호와여 주의 은혜로 나를 산같이 굳게 세우셨더니 주의 얼굴을 가리시매 내가 근심하였나이다 8 여호와여 내가 주께 부르짖고 여호와께 간구하기를

은혜가 풍성한 하나님 아버지! 내 영혼이 편안할 때, 내가 나를 일으켜 세운 줄 알았습니다. 내가 하나님을 믿어서 그 의로 편안하게 사는 줄 알았습니다.

그러나 환난과 시련이 오니 그 믿음은 온데간데없고 걷잡을 수 없이 무너지고 말았습니다. 내 믿음이 나를 일으켰다면 그 와중에도 무너지지 않아야 했는데, 모든 게 다 무너지고 상대에 대한 원망과 분노로 자책하며 괴로워했습니다.

나를 세우고 일으키신 분은 하나님이신 줄 이제야 깨닫습니다. 내 믿음은 껍데기일 뿐이었지만 하나님께선 잠잠히 저를 손잡아 주시며 일으켜 세우시고 바라보셨습니다. 걸음마를 떼게 하시고 걷게 하시며 괜찮다고 용기를 주셨습니다.

하나님의 사랑, 하나님의 은혜가 이런 것이구나 느껴집니다. 하

나님 말씀이 살아 움직여 제 눈에 보이고 마음에 자리를 잡아 저를 변화시키십니다. 진리 되신 예수님의 행적을 보며 그 형상 그대로 닮고 싶어집니다. 인생이 허무하지 않고, 살아야 할 목적이 분명함을 깨닫습니다.

내 인생의 등대가 되신 예수님! 그 사랑을 배우고 익히며 삶에 적용하렵니다. 매 순간 저와 동행하시며 인도해주시길 예수님 이름으로 기도드립니다.

[시편 31:21] 여호와를 찬송할지어다 견고한 성에서 그의 놀라운 사랑을 내게 보이셨음이로다

은혜가 풍성한 하나님 아버지! 제가 암흑 같은 긴 터널을 지나고 있을 때, 영혼이 마비되어 숨 쉬고 생각하는 것이 무의미하다고 느낄 때, 한 줄기 빛을 보여주시고 살아 나오게 하심을 감사드립니다. 악한 영을 물리치시고 저에게 큰 은혜를 베푸셨음에 감사하며 찬양을 올려드립니다.

하나님께 믿음을 보인 적도 없고 하나님을 인정함에 인색했던 저에게 그저 아낌없이 은혜를 주시며, 저를 에워싼 죄악의 고리를 끊어주시고 일으켜 세워주셨습니다.

하나님 아버지, 이름을 부르기만 해도 잡아주시고 눈을 향하기만 해도 다가와 안아주시는 좋으신 하나님 아버지~ 고맙습니다. 사랑합니다.

2021년 11월 11일

[시편 34:14] 악을 버리고 선을 행하며 화평을 찾아 따를지어다

하나님 아버지~ 이른 새벽 하나님 아버지 보좌 앞에 나가오니 제 맘을 정결케 해주시고 주님께 집중하게 하옵소서.

내 의지와 정서, 지식의 모든 부분에 제 뜻과 마음이 주인 되지 않게 하시고 오직 성령 하나님만이 내주하시길 원합니다.

마음 중심에 세상의 헛된 것을 좇는 옛 습성을 제거해주시고, 남보다 더 높아지고 잘나 보이려는 교만을 소멸시켜주시옵소서.

내 마음의 중심이 하나님 아버지의 사랑과 은혜로 꽉 차서 악을 떠나보내고 선을 행하게 도와주옵소서.

주님의 보혈로 얻은 지금의 인생, 제 삶이 선물인 줄 깨달으니 세월을 아끼고 이 시간을 선을 행할 기회로 삼게 도와주옵소서.

타인을 위해 낮아지며 종노릇했던 예수님의 겸손이 내 삶에 적용되어 겸손한 삶을 살길 간구합니다.

[시편 36:9] 진실로 생명의 원천이 주께 있사오니 주의 빛 안에서 우리가 빛을 보리이다

인자하신 하나님 아버지! 지금까지 지내온 것은 주의 크신 은혜임을 고백합니다. 세상 이목과 자기 정욕에 제 마음이 빼앗겨 주님과 친밀한 동행을 하지 못하며 제멋대로 살았음을 회개합니다.

매 순간 최선을 다하며 큰 죄를 짓지 않고 달려온 삶인 줄 알았습니다. 인생의 기쁨과 행복을 나의 노력과 지혜로 얻은 줄 알았습니다. 모든 게 나의 성실함과 인내 그리고 선함을 추구한 결과인 줄 알았습니다.

그러나 이제야 알게 되었습니다. 내가 사랑한 것은 '하나님 사랑'이 아니라 '세상 사랑'이었고 '자기만족'이었다는 것을요. 세상 사랑과 자기만족은 영원치 않았고 소유할수록 더 공허해지며 나의 지성과 정서를 하나님 사랑으로부터 멀어지게 하는 것이었습니다.

하나님 사랑이 얼마나 크고 넓은지 깨닫는 아침입니다. 인자하

신 하나님~ 그런 하나님의 사랑이 저에게 생명과 따뜻한 사랑을 부어주십니다. 하나님 사랑이 얼마나 진하고 생명의 원천이 되는지 체험하는 아침입니다. 주님께서 구원해주심이 기쁨이자 사랑이라는 것을 고백합니다.

　자비하신 하나님 아버지! 제 안에 모든 어둠을 거두어주시고 소망을 주시니 주로 인해 행복합니다. 사랑합니다. 감사합니다.

[시편 37:4-5] 4 또 여호와를 기뻐하라 그가 네 마음의 소원을 네게 이루어주시리로다 5 네 길을 여호와께 맡기라 그를 의지하면 그가 이루시고

하나님 아버지, 이 새벽 기도를 올립니다. 성령 충만한 은혜를 내려주시고 기쁜 맘으로 하나님을 경배하게 하옵소서. 하나님을 기뻐하는 자에게 마음의 소원을 이루어주신다 하셨으니 제 소원을 들어주옵소서.

제 길을 주님께 맡기오니, 저를 인도하시고 예비하신 삶대로 잘 살아가게 하옵소서. 제 뜻대로 살던 삶, 제가 주인이었던 삶을 내려놓고 주님이 제 마음의 주인이 되셔서 영과 혼을 이끌어주시옵소서. 옛것을 버리고 새사람으로 변화하게 해주옵소서.

저는 맘이 연약하고 부패하여 옛 사람으로 돌아가려 하고 그것이 편안한 줄 압니다. 그래야 불편하지 않다고 느낍니다.

하나님 아버지, 변화가 두렵지 않도록 저를 담대하게 이끄시고 이끄심대로 순종의 삶을 살게 하옵소서. 주어진 삶에서 주신 자원으로 하나님 아버지를 의지하며 승리하는 삶을 살게 하옵소서.

2021년 11월 17일

[시편 38:5-6, 8] 5 내 상처가 썩어 악취가 나오니 내가 우매한 까닭이로소이다 6 내가 아프고 심히 구부러졌으며 종일토록 슬픔 중에 다니나이다 8 내가 피곤하고 심히 상하였으매 마음이 불안하여 신음하나이다

2020년 5월 4일. 내 영혼이 불안과 두려움에 죽고 싶은 마음이 들었습니다. 온몸에 기가 빠지고 힘이 떨어지며 절망으로 지쳐있었습니다. 힘겹고 답답해서 그저 조용히 내 한 몸 누울 곳이 필요하다고 생각했습니다.

힘겹게 몇 년을 버티며 일어섰다고 생각했는데, 내 생각과 의지로 '믿음'도 쓰다 버릴 휴지처럼 이용했습니다.

하나님 말씀을 믿고 의지하며 그 뜻을 따라 살았다고 생각했지만, 성령 충만함을 덧입지 못하고 하나님을 믿는 '형식'만 있었음을 고백합니다. 간절하게 하나님을 사모하지 못했습니다.

그러나 인내하시는 하나님! 온유하신 하나님! 사랑이 많으신 하나님! 저를 그저 내버려두지 않으시고 손잡아주시고 품어주시며 일어나기까지 기다려주셨습니다. 하나님 사랑을 보여주시고

구원의 기쁨을 선물해주시며 응답해주셨습니다.

여호와여! 내가 주를 바랐사오니 내 주 하나님이 내게 응답해주심을 감사합니다. 살아계신 하나님을 느끼며 사랑하게 인도하심에 감사와 영광을 올려드립니다.

[시편 42:4-5] 4 내가 전에 성일을 지키는 무리와 동행하여 기쁨과 감사의 소리를 내며 그들을 하나님의 집으로 인도하였더니 이제 이 일을 기억하고 내 마음이 상하는도다 5 내 영혼아 네가 어찌하여 낙심하며 어찌하여 내 속에서 불안해하는가 너는 하나님께 소망을 두라 그가 나타나 도우심으로 말미암아 내가 여전히 찬송하리로다

사랑이 많으신 하나님 아버지! 내 영혼이 메마르고 갈라지어 비관할 때 내버려두지 않으시고 붙잡아주시며 일어나 걷게 하셨습니다. 내 영혼이 낙심하고 괴로울 때 하나님 성전을 외면하지 않고 땅을 딛게 하시고 예배하게 하시며 찬송하게 하셔서 저를 살리셨으니 예배의 기쁨이 제 삶을 이끌었습니다.

예배의 기쁨과 찬송으로 마음을 어루만지심과 성도들의 따뜻한 교제가 차곡차곡 쌓여서 그 기억들이 저를 다시 일어나 찬양하며 예배하게 하였습니다. 지난날보다 현재 이 순간 더 신실한 마음으로 예배의 자리에 임하도록 성령 충만하게 하신 주님께 감사 올립니다.

[시편 43:3] 주의 빛과 주의 진리를 보내시어 나를 인도하시고 주의 거룩한 산과 주께서 계시는 곳에 이르게 하소서

하나님 아버지! 오늘도 저는 상대를 판단하는 판사가 되어 잘 못을 따지며 묻습니다. 한 번이 아니고 여러 번, 매번 그런다고 지적하며 참고 참다가 이렇게 화를 내는 거라고 항변합니다.

하나님 아버지! 문제 상황 너머 계신 주님을 찾습니다. 주님을 바라보며 지혜를 구합니다. 저에게 하나님을 기쁘시게 하는 삶을 살라고 하셨지요. 저에게 선한 영향력을 끼치며 가족과 이웃을 위해 영혼을 세우며 도우라 하셨지요.

그런데 제가 연약하고 못나서 저를 세우려고만 할 뿐 상대를 세우고 돕지 못하고 있습니다. 주님께선 예수 그리스도 보혈의 값으로 저를 자녀 삼아주셨는데, 저는 이렇게 완악하고 거칠며 참을성이 없습니다. 하나님 아버지. 저의 죄를 용서하여주세요.

제가 죄인입니다. 완악한 죄인입니다. 저를 용서하여주세요. 저를 내세우지 않게 해주세요. 누군가를 내 뜻대로 내 맘에 맞게 통제하며 고치려 하지 않게 도와주시옵소서.

[시편 46:11] 만군의 여호와께서 우리와 함께하시니 야곱의 하나님
은 우리의 피난처시로다 (셀라)

만군의 여호와 하나님 우리의 간구를 들으시고 소원을 이뤄주
시니 감사합니다.

제 기도가 일신의 안락과 욕망을 채우는 기도가 아니라 하나님
의 뜻이 무엇인지 간구하는 기도가 되게 하시고 하나님 사랑을 알
고 체험하여 다른 사람에게 흘러넘치는 기도가 되도록 인도하여
주시옵소서.

딸 지혜가 11월 26일~29일 제주에서 단편 영화 촬영을 합니다.
촬영할 수 있는 적당한 날씨와 햇빛을 주시고 모든 스텝 및 배우,
지혜가 감기와 독감, 코로나로부터 확실히 벗어나게 도와주옵소
서.

영화 제작에 참여한 분, 후원한 분 모두에게 따뜻한 위로와 사
랑으로 축복해주시며 살 만한 세상을 만들어가는 데 주님의 이름
이 높여지고 영광 받으시길 기도드립니다.

주의 집에서
복을 누리게 하소서

시편 51-100장

[시편 53:2] 하나님이 하늘에서 인생을 굽어살피사 지각이 있는 자
와 하나님을 찾는 자가 있는가 보려 하신즉

하늘에 계신 하나님 아버지, 나의 인생을 굽어보시고 살피사 돌
보아주시는 줄 믿습니다.

나의 인생이 내 뜻과 의지로 살아가는 듯하지만 결국 하나님이
펼치신 손바닥 안에서 펼쳐지며, 손금을 보듯 다 바라보시니 두려
움이 사라집니다. 어떤 길로 가든 하나님께서 나와 동행하시며 도
우시고 이끄심을 깨닫기 때문입니다.

오늘 하루도 하늘의 뜻이 무엇인지 생각하며 나보다 주위를 더
살피고 돕는 마음을 갖도록 인도하시길 기도합니다.

[시편 55:16] 나는 하나님께 부르짖으리니 여호와께서 나를 구원하시리로다

사랑이 많으신 하나님 아버지, 당신께 부르짖고 간구합니다.

주님, 이제 세상의 허무한 모든 것들로부터 자유롭게 하시고 집착한 것들을 놓아버리게 도와주옵소서. 내 안에 죄 된 것, 불결한 것, 상한 것들 다 죽여주시고 새사람으로 변하게 도와주옵소서.

바울 사도가 다메섹에서 새사람이 된 것처럼 저도 매일 영안이 열리고 허물을 벗어던지어 진실한 그리스도의 제자가 되게 하옵소서.

매일매일 새롭게 거듭나는 신앙인! 매일매일 믿음이 굳건해지는 신앙인! 마침내 천국에 대한 소망으로 현실을 이기는 힘을 얻게 하옵소서.

[시편 57:9] 주여 내가 만민 중에서 주께 감사하오며 뭇 나라 중에서 주를 찬송하리이다

은혜로우신 하나님 아버지! 오늘도 새벽을 열어주시고 말씀으로 다가오시니 감사합니다. 마음을 주님께 향하여 그 진리를 알고자 하오니 깨우쳐주세요. 말씀으로 다가오셔서 제 영혼을 깨우치심으로 삶을 인도하여주세요.

제가 있는 자리에서 남편을 세우고 자녀를 세우며 서로 돕는 배필이 되게 하시고 서로 사랑함으로 화목한 가정이 되도록 도와주옵소서. 서로에게 부족한 것을 지적하기보다, 채워주는 마음이 우선되도록 하시고 끝까지 인내하며 사랑으로 감싸는 지혜를 주옵소서.

감사할 대상이 사람이 아니라, 하나님이게 하옵소서. 감사할 제목이 세상 자랑과 이익이 아니라 하나님과 자녀 되는 신분이게 하시고 연합하여 선을 이루는 가정이 됨을 감사하게 하옵소서.

[시편 60:2, 새번역] 주님께서 땅을 흔드시고 갈라지게 하셨으니, 이제는 그 갈라지고 깨어진 틈을 메워주시어서, 땅이 요동치 않게 해주십시오

나를 구원하시고 붙드신 하나님 아버지! 죽을 수밖에 없었던 저를 살리시고 영혼에 생기를 담아주시니 감사합니다. 살리신 그 자체로도 감사한데, 필요한 것들을 다 채워주시니 감사합니다.

하나님을 알기 전부터 지은 모든 죄와 허물 그리고 여전히 죄의 굴레에서 완전히 벗어나지 못해 짓는 죄를 모두 용서하시고, 죄 가운데 있는 저를 긍휼히 여기시옵소서.

죄로 인해 갈라진 인간관계와 하나님과의 관계에 깨어진 틈을 메워주시고 회복시켜주시옵소서. 갈라진 틈을 메워 마음이 요동치 않게 하시고, 그 틈을 사탄이 틈타지 않도록 쓸어 없애주시옵소서.

오늘 하루도 주님을 의지하며 선하게 살길 기도합니다.

[시편 61:4] 내가 영원토록 주의 장막에 머무르며, 주의 날개 아래로 피하겠습니다 (셀라)

나의 하나님, 주는 나의 피난처이시며 나를 지켜주는 큰 산성이심을 고백합니다.

내 능력과 노력, 의지로는 할 수 없는 것이 많지만, 세상에서 주눅 들지 않고 당당하게 살게 하시니 내가 주를 사랑하며 의지하나이다.

좋은 일이 있든지, 나쁜 일이 있든지 그 어떤 상황에서도 영원히 주의 장막을 버팀목 삼아 주의 날개 아래로 피하오니 도와주시길 원하나이다.

내가 피할 곳은 사람이 아니고 주님 곁임을 잊지 않게 하시고 내가 끝까지 지켜야 할 것은 주님의 뜻과 주님 나라의 소망임을 붙잡고 살게 하옵소서.

[시편 62:3-4] 3 넘어지는 담과 흔들리는 울타리같이 사람을 죽이려고 너희가 일제히 공격하기를 언제까지 하려느냐 4 그들이 그를 그의 높은 자리에서 떨어뜨리기만 꾀하고 거짓을 즐겨 하니 입으로는 축복이요 속으로는 저주로다 (셀라)

하나님 아버지, 나의 영혼이 주를 바라보며 주 안에서 평온함을 느낍니다. 올 한 해 뒤돌아보니 많은 후회와 뉘우침이 있음을 고백합니다. 내 부족함과 불성실함, 죄악을 두둔하는 일에는 호의적이었으나 상대의 부족함과 불성실함, 죄악을 들춰내는 일에는 한 치의 망설임도 없었습니다.

상대가 무너질 때 방치했으며 더 무너지도록 밀어냈습니다. 벼랑 끝에 있는 영혼의 손을 잡으면 절벽으로 함께 떨어질까 두려워 가까이하지 않았고, 못 본 체하며 제 평안과 일신의 안락만을 최우선으로 삼았습니다. 무엇보다 하나님을 사랑한다면서도 행동은 가볍고 게을렀습니다. 모든 게 미숙하고 부족하며 허물투성이임에도 아닌 척 가장하며 교만한 모습이 많았습니다.

이 모든 죄를 용서하여주시옵소서. 모든 허물과 죄악을 사랑으로 덮어주시고 새로운 영혼으로 거듭나게 하옵소서.

[시편 63:5] 골수와 기름진 것을 먹음과 같이 나의 영혼이 만족할 것이라 나의 입이 기쁜 입술로 주를 찬송하되

사랑이 많으신 하나님 아버지! 저를 태초 전부터 지명하여 생명을 주시고 구원의 기쁨을 얻게 하시니 감사합니다.

하나님 이름을 지식으로 알고 가슴으로 느끼지 못하며 살아왔던 날들이 너무나 길었음에도 인내하시며 제 손을 잡아주시고 동행하시니 감사합니다.

세상 자랑과 안목의 정욕에 정신이 팔려 하나님의 뜻과 나라에 무관심했음을 회개하오니 용서하여주옵소서. 주신 것, 채우신 것, 많은 것을 거저 주셨음에도 더 욕심내고 불평한 날들이 너무나 많았습니다.

제 배 속은 기름진 음식으로 채우려 안간힘 썼으나, 제 영혼의 곤고함과 궁핍함을 채우는 데는 소홀히 하였음을 용서하시옵소서.

남은 인생길은 제 영혼이 생기를 회복하고 사랑으로 채워져 내

가족과 친구, 이웃, 사회에 선한 영향력을 끼치는 복된 자로 살아가게 도와주옵소서.

제 육신과 영혼이 온전하여 나의 입이 하나님을 찬송하고 영광 올려드릴 수 있도록 인도해주시길 기도드립니다.

[시편 66:20] 하나님을 찬송하리로다 그분께서 내 기도를 물리치지 아니하시고 그의 인자하심을 내게서 거두지도 아니하셨도다

사랑이 많으신 하나님 아버지! 오늘 이 아침 하나님을 경외하며 제 마음을 주님께 향합니다. 제 안에 불결하고 부정한 영을 제거하여주시고 깨끗하게 하여주옵소서. 정결한 마음으로 주님을 부르며 찬양하길 원합니다.

이 세상 만물을 창조하시고 운행하시며 주관하시니 그 능력에 가슴이 벅차며 힘이 납니다. 저를 택하여 구원하여주시고 자녀 삼아주시니 찬송합니다. 찬송 438장으로 주님께 찬송 올려드립니다.

"내 영혼이 은총 입어 중한 죄 짐 벗고 보니
슬픔 많은 이 세상도 천국으로 화하도다.
주의 얼굴 뵙기 전에 멀리 뵈던 하늘나라
내 맘속에 이뤄지니 날로 날로 가깝도다.
높은 산이 거친 들이 초막이나 궁궐이나
내 주 예수 모신 곳이 그 어디나 하늘나라
할렐루야 찬양하세~ 내 모든 죄 사함받고
주 예수와 동행하니 그 어디나 하늘나라"

[시편 67:4-5] 4 온 백성은 기쁘고 즐겁게 노래할지니 주는 민족들을 공평히 심판하시며 땅 위의 나라들을 다스리실 것임이니이다 (셀라) 5 하나님이여 민족들이 주를 찬송하게 하시며 모든 민족으로 주를 찬송하게 하소서

사랑이 많으신 하나님 아버지, 주께서 온 세상 나라를 다스리시고 온 땅에 오곡백과를 내시며 땅에 모든 것을 축복하시니 감사합니다.

주신 복이 무한함에도, 남과 비교하며 소중한 시간을 허비하였습니다. 육적인 것에 허비하던 시간을 이제 영적인 것들에 가치를 두고 소중하게 쓰도록 인도하여주옵소서.

영적 기쁨으로 찬송하게 하옵소서. 하나님 말씀으로 묵상하여 매일 말씀의 미각이 살아나게 하시고, 마음의 창고에 영적인 것들로 꽉 차서 성화된 삶을 살게 하옵소서.

2022년에 매주 찬송가를 한 곡씩 정해서 매일 부르고 에베소서와 로마서를 열 번씩 필사하도록 결단하였으니 성실히 행하게 도와주옵소서.

[시편 68:19] 날마다 우리 짐을 지시는 주 곧 우리의 구원이신 하나님을 찬송할지로다 (셀라)

오늘 아침 주님의 위대하심과 완전하심을 깨닫습니다. 이 땅의 모든 것을 주관하시고 하늘의 것을 주관하시며 죽은 영들까지도 주관하시는 분이심을 알게 해주셨습니다.

세상에서 만나는 고통과 환난이 너무 크고 막막해 보여도 사실 하나님이 행하시는 일 중에 단편적이고 작은 소리일 뿐이라는 욥의 고백이 인정되고 믿어지게 도와주시옵소서.

주님의 능력은 헤아릴 수 없으며 크고 완전하여 능히 누구도 헤아릴 수 없음을 믿게 하시고 어떠한 고난과 역경도 스쳐 지나가는 바람처럼 맞설 힘을 주시옵소서. 마침내 주님의 위대하신 권능을 찬양하며 영광 올려드리게 하옵소서.

[시편 69:5-6] 5 하나님이여 주는 나의 우매함을 아시오니 나의 죄가 주 앞에서 숨김이 없나이다 6 주 만군의 여호와여 주를 바라는 자들이 나로 인하여 수치를 당하게 하지 마옵소서 이스라엘의 하나님이여 주를 찾는 자가 나로 말미암아 욕을 당하게 하지 마옵소서

전능하신 하나님 아버지, 저의 모든 허물과 거짓을 다 아시고 바라보심을 아나이다. 내 생각과 잣대로 남을 판단하며 정죄하고 그로 인해 서로 논쟁하며 긴 갈등에 씨름하며 살았습니다. 옳고 그름을 따지고 시비하느라 많은 에너지를 소비하였고 섭섭함과 깊은 갈등으로 무익함만 남았습니다. 우매하고 옹졸한 저를 불쌍히 여겨주시고, 용서해주시옵소서.

하나님과 바른 관계를 갖는 데 에너지를 쏟게 하시고 다른 사람과 다름을 이유로 갈등 관계가 되지 않게 도와주옵소서. 옳지 않다고 주장하며 상대를 바꾸려고 애쓰게 마시고, 제 모든 마음이 온유한 마음으로 상대를 용납할 수 있도록 도와주옵소서.

상대를 생긴 그대로, 지금 그 모습대로 사랑하며 살게 도와주옵소서. 하나님을 바라는 자가 저로 인하여 수치를 당하거나 욕을 당하고, 마음이 무너지게 하지 마옵소서.

사랑이 많으신 하나님 아버지, 예수님의 십자가, 주님 사랑의
만분의 일이라도 삶으로 헌신하며 희생하며 살아가도록 이끌어
주옵소서.

[시편 71:1] 여호와여 내가 주께 피하오니 내가 영원히 수치를 당하

게 하지 마소서

여호와 하나님 아버지! 2021년을 보내고 2022년 새해를 맞게 하심을 감사드립니다. 2021년 묵상과 기도, 예배를 통해 큰 은혜와 평화를 주셨음에도 내 죄책과 수치로 걸려 넘어져 힘들 때가 여러 번 있었습니다. 저의 죄와 수치를 없애주셨음에도 그 은혜와 별개로 제 생각과 판단으로 실수하며 방황하였습니다.

이제 새해에는 제 죄책과 수치를 수레에 담아 언덕에서 굴려보냅니다. 오늘 이 수치를 굴려버린 곳. 이곳이 '길갈'인 줄 믿습니다.

하나님, 저는 이제 새날, 새 아침 평화와 안식 그리고 하나님 통치가 있는 가나안 땅에 안착하였습니다. 예수님을 믿음으로 가능한 이곳에서 예수님과 함께 힘껏 살겠습니다. 모든 수치를 내던지고 참 평화와 안식을 누리겠습니다. 하나님 통치 아래서 믿음으로 순종하며 살겠습니다. 하나님을 믿지 않는 자에게 신실한 자로 거듭나는 삶을 보이며 하나님 자녀로서 구별된 삶, 거룩한 삶을 살길 소망합니다.

[시편 75:7] 오직 재판장이신 하나님이 이를 낮추시고 저를 높이시느니라

재판장이신 하나님 아버지! 주님께서 사람을 높이고 낮추시며, 악인과 의인을 구별해내실 줄 믿습니다. 이 땅에 살면서 함부로 사람을 판단하거나 정죄하지 않도록 도와주옵소서.

거짓된 말, 과장된 말, 헐뜯고 비방하는 말로 상대에게 상처를 주지 않게 하시고 선하고 따뜻한 말 용기와 위로를 주는 말로 상대를 세우도록 인도하여주옵소서.

스스로 높아져 교만하거나 방자한 언행을 삼가고 진실 된 언행으로 하나님의 자녀 됨을 입증케 도와주옵소서. 아침이 밝으니 어제의 삶은 잊고 새 맘 새 뜻으로 하나님 말씀을 귀 기울여 듣게 하시고 깨닫게 하시며 주님만을 선포하길 간구합니다.

오늘을 살도록 허락하신 하나님 아버지께 감사드립니다.

[시편 77:10-12] 10 또 내가 말하기를 이는 나의 잘못이라 지존자의 오른손의 해 11 곧 여호와의 일들을 기억하여 주께서 옛적에 행하신 기이한 일을 기억하리이다 12 또 주의 모든 일을 작은 소리로 읊조리며 주의 행사를 낮은 소리로 되뇌이리이다

하나님 아버지, 세상 만물이 세월을 따라 변하고 사라짐에 인간들도 어김없이 병들고 늙으며 죽는 것을 압니다.

시편 저자는 병들고 지쳐 괴로울 때 '하나님의 한결같은 사랑이 이제 그만인가?'라면서 한탄하다가 다시 하나님의 거룩하고 무한한 사랑을 기억하며 마음을 가다듬고 있습니다.

저 자신도 노쇠하고 병들어 누워있을 때 '과연 하나님의 거룩하심과 한결같은 사랑을 고백할 수 있을까?' 생각해봅니다. 아마도 아픔과 늙음이 저를 짓누르고 세월이 무상하다며 한탄하지 않을까 고민이 됩니다.

그럴 때 주님께서 제게 주신 은혜와 사랑을 기억나게 하옵소서. 감사하게 하옵소서.

[시편 79:11] 갇힌 자의 탄식을 주의 앞에 이르게 하시며 죽이기로 정해진 자도 주의 크신 능력을 따라 보존하소서

전능하신 하나님 아버지, 나의 영혼이 지치고 힘들어 감옥에 갇힌 것 같은 때가 너무나 많습니다. 아버지의 뜻을 따라 말씀을 깨닫고 말씀대로 순종하며 살아야 하는데 세상의 물질만능주의를 따르며 사느라 영혼이 방황하며 지쳐서 허우적대고 있습니다.

주님~ 세상의 감옥에 갇힌 저의 신음을 들어주시고, 영혼에 생기를 불어넣어 주옵소서.

저의 영혼이 하나님을 바라며 하나님 사랑으로 꽉 차게 도와주옵소서. 세상 것에 휘둘려 휘청거리게 내버려두지 마시고 오직 주를 앙망하고 사랑하게 하옵소서.

[시편 80:9] 주께서 그 앞서 가꾸셨으므로 그 뿌리가 깊이 박혀서 땅에 가득하며

만군의 여호와 하나님 아버지, 저를 구원해주시고 자녀 삼아주셔서 하나님을 믿는 자녀의 본으로 삼게 하셨나이다.

우리 가정에 믿음의 성전을 쌓고자 하오니 온 가족이 한마음으로 쌓게 인도하여주옵소서. 우리 가정에 믿음의 성전이 아름답게 증축되고 그 안에서 찬양과 감사가 흘러넘치게 하옵소서.

매주 가족예배로 하나님께 영광 올려드리며 화목하고 평안한 사랑의 가족 공동체가 세워지게 도와주옵소서.

오늘도 주어진 하루를 당연히 여기며 살지 않고, 감사하며 기쁘게 살게 인도해주시길 기도드립니다.

[시편 83:12-14] 12 그들이 말하기를 우리가 하나님의 목장을 우리의 소유로 취하자 하였나이다 13 나의 하나님이여 그들이 굴러가는 검불 같게 하시며 바람에 날리는 지푸라기 같게 하소서 14 삼림을 사르는 불과 산에 붙는 불길같이

전능하신 하나님 아버지~ 오늘도 새날을 맞이하게 하시고 새 맘을 주셔서 살게 하시니 감사합니다. 새해 말씀 사경회를 통해 간절히 소원할 것을 생각하게 하시고 기도하게 하시니 감사합니다.

그럼에도 여전히 내 몸과 영혼은 죄를 완전히 제거하지 못한 채 죄와 동맹을 맺고 살아갈 때가 있으니 이 시간, 주님! 성령의 불길을 부으셔서, 내 영혼이 새 영혼으로 변화되게 도와주옵소서.

세상 유혹과 자랑에 마음을 빼앗기지 않으며 살게 하옵소서. 불꽃이 산에 불을 붙이듯 죄와 유혹을 태워주시고, 성령의 불길로 우리 가정에 믿음의 성전을 건축하게 하옵소서.

찬양과 예배가 철을 따라 흘러넘쳐 이웃과 사회에 구별된 자의 본이 되게 하시고 주의 기쁨이 되는 자녀로 살게 인도하옵소서.

[시편 84:4-5] 4 주의 집에 사는 자들은 복이 있나니 그들이 항상 주를 찬송하리이다 (셀라) 5 주께 힘을 얻고 그 마음에 시온의 대로 가 있는 자는 복이 있나이다

만군의 여호와 하나님 아버지! 말씀 사경회를 통해 간절한 소원을 가지며 기도하게 하시고, 하나님 성전을 사모하게 하시니 기쁘고 복된 날입니다.

인생의 고난과 역경을 지날 때 저의 손을 잡아주시며 눈물을 닦아주시니 주님 감사합니다. 사막 같은 황폐한 곳을 지날 때 샘물이 터지게 하셔서 갈증을 풀어주시고 험곡을 지날 때 발을 헛디디지 않도록 말씀의 빛으로 비춰주셨습니다. 망망대해에선 풍랑을 이겨낼 힘과 용기를 주셔서 주님을 바라보며 노 젓게 하시니 모든 것이 하나님 아버지의 은혜입니다.

나의 방패이신 하나님! 좋으신 하나님 아버지! 우리 가정이 주님을 사모하며 그 뜻대로 살기를 원하오니, 우리 가족 모두 하나 되어 아름다운 성전, 성령 충만한 성전을 세우게 합심하게 도와주옵소서.

[시편 86:11-13] 11 여호와여 주의 도를 내게 가르치소서 내가 주의 진리에 행하오리니 일심으로 주의 이름을 경외하게 하소서 12 주 나의 하나님이여 내가 전심으로 주를 찬송하고 영원토록 주의 이름에 영광을 돌리오리니 13 이는 내게 향하신 주의 인자하심이 크사 내 영혼을 깊은 스올에서 건지셨음이니이다

주님, 오늘 하루를 시작합니다. 주님의 길을 가르쳐주십시오. 그 길 따라 한눈팔지 않겠습니다. 나의 온 마음이 주의 이름만을 부르겠습니다. 모든 감사는 주님께 드립니다.

나의 기쁨과 위로가 주님에게서 옵니다. 내 안의 생명과 사랑을 채워주시는 분이 주님이심을 고백합니다. 주님의 사랑이 크고 놀라우며 큰 비밀임을 깨닫게 되었으니, 이 놀라운 비밀을 이웃에게 넘치게 흘리도록 도와주옵소서. 내 입술을 도구로 사용하셔서 복된 소식을 흘러넘치게 하사 주의 나라가 임하게 하옵소서.

[시편 91:15] 그가 내게 간구하리니 내가 그에게 응답하리라 그들이 환난당할 때에 내가 그와 함께하여 그를 건지고 영화롭게 하리라

사랑이 많으신 하나님 아버지! 주의 이름을 부르는 자에게 응답하시고 환난당할 때 함께하시며 구해주시는 줄 믿습니다. 제 입술이 주의 이름을 늘 고백하게 하시고 항상 동행하여주셔서, 든든하고 안전한 방패와 울타리가 되어주시옵소서.

주의 날개 아래 편히 거하길 원하나이다. 그 어떤 기적이나 요행을 바라지 않습니다. 지금보다 더 큰 복을 간구하지 않겠나이다. 어떤 상황에서도 주의 이름을 부르도록 저를 인도하여주옵소서.

주와 같이 길 가게 하시고 두려움 없게 하옵소서. 제힘으로 해결되지 않는 문제를 마주할 때, 주님의 사랑과 위로가 함께하길 기도합니다.

[시편 93장(전체)] 안식일의 찬송시

사랑이 많으신 하나님 아버지! 오늘은 새해 연휴인데 가족이 쉼을 갖게 하심에 감사합니다. 무료하고 평범한 일상이지만 이 또한 감사한 날입니다.

생각과 마음은 끊임없이 변화하고 향상되나 행동은 변화되지 않고 예전 그대로여서 답답할 때도 있습니다. 저의 교만과 허물은 용서되고 이해되지만, 상대의 교만과 허물, 무례함은 크게만 보이고 불편하며 이해하기 힘들어집니다.

그냥 무심히 살기엔 서로가 너무 잘 알고, 흘려보내지 못합니다. 포기하고 살기엔 너무 가까이 보고 있어 쉽지 않습니다. 서로 사랑으로 감싸주고 보듬기엔 너무나 상처가 깊고 마음이 옹졸합니다.

사랑이 많으신 하나님 아버지, 깨어진 가족 관계를 하나님의 넘치는 사랑으로 메워주시고 은혜를 내려주십시오.

종현이가 명절에 와서 두 끼를 같이 했습니다. 이제 부모의 그

늘이 불편해지고 자신의 거처가 더 편한 나이가 되었습니다. 부모 자식 간에 남매간에 무슨 사랑과 정이 있는 걸까요? 이웃이나 친구보다 못한 정서가 가끔 눈앞에 펼쳐지니 모든 것이 무너지는 듯하고 꽉 막힌 장벽을 직면한 것만 같습니다. 주님, 종현이가 하나님을 아버지라고 고백하며 하나님께 가까이 나오길 기도합니다. 영혼이 구원되길 기도합니다.

다른 사람의 영혼을 위해 간절히 기도한 것이 허무해집니다. 자기 자식 하나 제대로 영혼 구원을 못 하고 형제자매를 위해 진심으로 기도하지 못했는데 어떤 말로 제가 하나님을 부르며 나가야 할지 혼란스럽습니다.

이 상태를 불쌍히 여기시고 성령의 불로 인쳐주시옵소서. 예수의 십자가 보혈로 모든 상처와 허물을 덮어주시고 씻겨주시길 예수님 이름으로 기도드립니다.

[시편 100장(전체)] 감사의 시

하나님 아버지께서 온 땅을 살피시며 나의 믿음을 보시는 줄 압니다. 말씀을 묵상하고 찬양하며 기도할 때 다 듣고 새기실 줄 믿습니다.

주님은 세미한 음성으로 "네가 지금 잘하고 있단다. 뒤돌아보지 말고 성실하게 지금 하는 것처럼 해보라" 하십니다.

주님, 더 이상 제가 뭘 바랍니까. 이만하면 충분합니다. 주님이 주실 것 다 받았습니다. 그런데도 주님은 저에게 더 주시겠다고 하십니다.

"이제 시작인 걸, 네가 알지 못한 것, 예상치 못한 크고 놀라운 복을 줄 거야, 믿음의 복이 더 많이 기다리고 있고 복음의 복이 너를 더 크게 할 거야. 그것 외에도 하늘의 신령한 복을 준비해두고 있단다."

제게 세미한 음성을 들려주시고 저를 사랑해주시니 감사합니다. 사랑합니다. 오늘은 정말 감동적인 날입니다.

내가 평생에 기도하리로다

시편 101-150장

2022년 2월 14일

[시편 101:5-7] 5 자기의 이웃을 은근히 헐뜯는 자를 내가 멸할 것이요 눈이 높고 마음이 교만한 자를 내가 용납하지 아니하리로다 6 내 눈이 이 땅의 충성 된 자를 살펴 나와 함께 살게 하리니 완전한 길에 행하는 자가 나를 따르리로다 7 거짓을 행하는 자는 내 집 안에 거주하지 못하며 거짓말하는 자는 내 목전에 서지 못하리로다

누구든지 자기 이웃을 몰래 헐뜯는 자는 끊겠다는 저자의 시처럼 저 또한 누군가를 몰래 헐뜯지 않기를 결단케 하옵소서. 거만한 눈빛과 교만한 마음을 지니지 않게 하시고 내 눈과 마음과 걸음이 하나님께 신실한 성도 무리 안에 거하게 도와주옵소서.

우리 가족 모두가 주의 신실한 성도로 살기를 원합니다. 우리 가정에 주의 성전을 건축할 때 모퉁잇돌이신 예수님을 중심으로 성실하게 건축하게 하시고 신실하게 하셔서 그 안에서 서로 연합하고 하나 되게 하소서.

그 안에서 성령도 하나요, 믿음도 하나이니 평강이 흘러넘치게 하시고 주의 영광과 기쁨이 되는 가정으로 빛나게 해주시옵소서.

[시편 102:4-5] 4 내가 음식 먹기도 잊었으므로 내 마음이 풀같이 시들고 말라버렸사오며 5 나의 탄식 소리로 말미암아 나의 살이 뼈에 붙었나이다

사람의 연수가 짧으면 칠십 세이고 길면 백 세인데 이제 육십 세란 정거장에 도달했습니다. 이십 대까지 부모 슬하에 있다가 이십 대 끝자락에 결혼하여 가정을 이루고 자식을 낳고 키우며 서른두 해가 흘렀습니다.

이제 인생의 후반을 하나님께 더 진지하게 다가가고 말씀을 무겁게 받아들이며 신실한 성도로 살아가길 간절히 소망합니다.

세월이 흘러 갑자기 질병으로 음식을 먹기도 힘든 상태가 되어 육체가 시들고 마른다 해도, 살과 뼈가 붙어서 앙상한 가지처럼 말라간다 해도, 담대하게 그 길을 따르며 받아들이고 살도록 인도하여주옵소서.

인생의 길에 불평과 불만보다 감사로 인사하며 종착점에 이르길 간절히 기도합니다.

[시편 103:10-11] 10 우리의 죄를 따라 우리를 처벌하지는 아니하시며 우리의 죄악을 따라 우리에게 그대로 갚지는 아니하셨으니 11 이는 하늘이 땅에서 높음같이 그를 경외하는 자에게 그의 인자하심이 크심이로다

하나님 아버지! 하나님을 더 사랑하고 싶습니다. 더 많이 알고 싶습니다. 더 가까이하고 싶습니다.

주님의 생각과 마음이 지성을 움직이고 의지를 주셔서 마음을 확정하게 도와주시옵소서. 세상 것에 마음이 방심하도록 저를 내버려두지 마시고 주님 앞으로 돌아오게 하옵소서.

나의 죄를 아심에도 노하기를 더디 하시는 인자하신 하나님 아버지, 나의 죄를 따라 바로 죗값을 치르게 하지 않으시니 하늘이 땅에서 높음같이 주의 인자가 크심입니다.

하나님을 경외하는 자에게 그 사랑의 높이와 깊이, 너비가 그지없으니 오늘도 힘차게 살아갈 수 있습니다. 감사드리며 예수님 이름으로 기도드립니다.

[시편 106:1] 할렐루야 여호와께 감사하라 그는 선하시며 그 인자하심이 영원함이로다

선하신 하나님, 오래 참으시며 사랑으로 품어주시는 하나님. 오늘 하루 하나님 사랑을 가슴에 담아 실천하게 도와주옵소서.

상대를 대할 때 아끼는 마음과 따뜻한 시선으로 보게 하시고 상대의 생명을 살리는 말을 하게 하옵소서. 궁지에 몰게 마시고 정죄하는 습관이 반복되지 않게 하소서. 때에 맞는 친절한 언어 습관을 들여 감정이 출렁일 때조차 절제와 온유로 말하게 하소서.

내일이면 내 생명이 다해 죽는다는 각오로 지금 이 순간, 오늘의 삶이 얼마나 귀하고 소중한지 매일 깨달으며 진지하되 명랑하게 살도록 도와주옵소서.

[시편 116:2] 그의 귀를 내게 기울이셨으므로 내가 평생에 기도하리로다

태초 전에 저를 택하셔서 하나님의 자녀로 삼아주시고 인생을 살게 하시니 감사합니다.

바람처럼 사라질 것들에 마음을 빼앗기며 하나님을 등지고 살았을 저에게 예수 그리스도를 보내시고 복음을 들려주셔서, 하나님의 뜻과 사랑을 깨닫게 되었습니다.

하나님의 넘치는 사랑으로 지금까지 지내온 삶에 감사드립니다. 하나님의 사랑과 뜻이 무엇인지 매일매일 체험하며 살게 하시고, 저를 다듬어가시는 손길과 훈련에 벅찬 기쁨과 행복을 느낍니다. 남은 생을 살아가며 시편 116장 2절 말씀을 평생 실천하겠습니다.

"그의 귀를 내게 기울이셨으므로 내가 평생에 기도하리로다"(시 116:2)

주야로 즐겁게 말씀을 묵상하고 기도하며 인생의 기쁨과 슬픔,

고통과 괴로움의 모든 것을 주님과 나누겠습니다. 진심으로 드리
는 기도의 삶을 살도록 성령 하나님 도와주옵소서.

[시편 128:1] 여호와를 경외하며 그의 길을 걷는 자마다 복이 있도다

주님! 새해 1월 1일부터 에베소서 필사를 열 번 하겠다고 결심하고 결국 끝내게 하시니 얼마나 뿌듯하고 감사한지요. 쓰면서 '열 번 쓰는 게 무슨 의미가 있을까, 나에게 주시는 말씀은 무엇일까?' 하는 설렘을 가지고 있었습니다.

각 번역본을 한 줄 요약해보고 다시 장별 요약을 해가며 에베소서를 한 줄 문장으로 표현하고 싶다는 도전이 생겼습니다. 또한 두 달 보름 만에 "그리스도 예수의 사랑 안에서 하나님 자녀답게 합당하게 살라"는 말씀을 주셨습니다.

그러면서 마음에 물밀 듯 "나는 하나님의 자녀다"라는 확신으로 가슴이 벅차올랐고, 3월 16일엔 반나절 이상을 "나는 하나님의 자녀다"라며 흥얼거렸습니다.

며칠 더 감동이 있었고 오늘까지도 그 감동이 나를 살아 숨 쉬게 하였습니다. 앞으로 하나님 자녀답게 살고, 사랑하며 살고, 화평하게 살고, 하나님 사랑의 통로가 되어 살자는 기억과 다짐을

다시 한번 새겨보았습니다.

　여호와를 경외하는 것이 복이니 저는 복을 받은 것이라 확신합니다. 나의 영혼을 생명의 말씀으로 채우니 놀라운 삶의 변화가 찾아왔음을 간증하게 됩니다. 감사합니다. 하나님! 할렐루야~~

[시편 135:1] 할렐루야 여호와의 이름을 찬송하라 여호와의 종들아 찬송하라

여호와 하나님이 나를 그리스도 안에서 예정하시고 이 땅에 보내심에 찬송합니다. 에베소서 말씀을 깊게 묵상하며 그리스도 예수의 사랑 안에서 하나님 자녀답게 살도록 깨닫게 해주시니 감사합니다.

나는 하나님의 자녀요, 백성이며, 그리스도 사랑 안에서 모든 사람과 화평을 이루며 사랑하도록 사명을 받았습니다. 하나님 자녀답게 합당하게 살며 하나님 사랑의 통로가 되어야 하는 사명도 받았습니다.

세 달간의 에베소서 묵상을 끝내며 새로 주신 깨달음에 감사합니다. 하나님은 누구시며 왜 나의 주인이시며, 그 사랑은 얼마나 크고 놀라운지 알면 알수록 그 깊이와 넓이와 높이가 무궁함에 놀랍고 가슴 벅차게 하시니 하나님을 찬송합니다.

하나님은 우리 각 사람과 만물이 그리스도의 마음으로 충만하게 되어 하나님 나라를 미리 살기 원하시니 그로 인해 하나님 영

광을 찬송하나이다.

때론 옛 자아가 저의 영을 넘보고 무너뜨려 입술로 죄를 짓고 마음에 독이 가득함을 회개하오니 용서하여주시고 큰 은혜를 주시옵소서.

새 영을 주셨으니 회복시켜주시고 치유하여 무지한 자처럼 살지 않게 인도하여주시길 예수님 이름으로 기도드립니다.

[시편 137장(전체)]

고난 주간 십자가를 묵상합니다. 우리의 죄, 나의 죄를 대속하시려고 십자가에 못 박히신 주님! 그 십자가 보혈의 속죄로 저를 용서하시고 정결케 하시며 하나님과 함께하게 하시니 그 사랑, 그 은혜 감사합니다.

구원의 감격에 멈춰있는 신앙인이 아닌, 다시 오실 예수님을 소망하는 신앙인, 창조의 목적에 맞게 회복되는 신앙인이길 기도합니다.

십자가 아래에서 구경꾼처럼 살지 말게 하소서. 예수님 옷을 가지려 제비 뽑는 자처럼 세상 것에만 관심 갖지 않게 도와주옵소서.

예수의 못 박힘이 나의 못 박힘으로 실제가 되게 하소서. 나의 죄를 못 박게 하소서. 나의 부정함과 불의를 못 박게 하소서.

고난 주간 모든 겉치레와 잡념을 버리고 단순하고 솔직하게, 진실하게 예수님만 바라보게 하옵소서.

[시편 139:1] 여호와여 주께서 나를 살펴보셨으므로 나를 아시나이
다

전지전능하신 하나님 아버지! 태초 전 저를 택하시고 모태에서
만드셔서 이 땅에 태어나게 하시고 살아가게 하시니 감사합니다.

내가 하나님을 알기 전에도 하늘에서 나를 보시고 뜻하신 바대
로 살피시며 나의 생각과 마음을 정하시고 나의 행적을 따라 동행
하시며 결국 하나님 사랑의 질서 안으로 저를 편입시키셨습니다.

제 눈이 세상을 바라보고 자신만을 중요하다 여길 때조차도 당
신은 인내하시며 성실함으로 저를 바라봐주시고 제 모습 그대로
존중해주시며 삶을 인도해주신 줄 믿습니다.

이제 그 큰 사랑을 알게 되었습니다. 그 큰 사랑을 알수록 더 알
고 싶고, 느끼고 싶으며, 그 사랑을 나누고 싶어집니다. 제 맘이
변치 않고 달려갈 길 다 가도록 주님 함께하시고 인도해주시길 기
도드립니다.

[시편 142장(전체)] 다윗이 굴에 있을 때에 지은 마스길 곧 기도

고난 주간 십자가의 사랑을 묵상합니다.

로마 제국의 강압적인 식민지하에서 이스라엘 백성은 메시아를 애타게 기다렸습니다. 선택받은 민족이라는 자부심이 있었기에 하나님께서 위대하고도 강력한 메시아를 보내시어 자신들을 구원해주시고 해방시켜주시길 고대하였습니다. 그들은 강한 힘과 권력을 가진 로마 제국을 이길 정치적 메시아를 원했기에 자신을 메시아요, 만왕의 왕이라고 하는 젊은 예수를 미워하고 박해하였습니다.

유대교를 믿는 그들과 바리새인들은 예수가 정말 메시아라면 십자가에 매달려 죽게 하여 살아나나 보자는 계산이 있었을 것입니다. 한편으론 메시아라 자칭하는 예수의 모습이 보잘것없어 보이기에 죽이고 싶었을 것입니다.

힘과 권력이 판치는 세상에서 사랑을 권하고 오래 참으며 겸손하고 너그럽게 용서하길 호소하는 예수가 구원자라고 인정하고 싶지 않았을 것입니다.

예수님께선 하나님의 계획하심으로 그 사랑에 순종하여 우리의 죄를 대신하셨습니다. 향기로운 희생 제물이 되셔서 우리의 죄를 속량하셨습니다.

이제 나는 속죄의 은혜를 덧입은 자로, 죄의 종이 아니라 하나님의 종이 되어 살아야 함을 묵상합니다.

십자가의 보혈은, 나를 향한 사랑이고 용서이며 은혜입니다. 하나님을 향한 예수님의 거룩한 순종이며 위대한 경배입니다.

[시편 144:3] 여호와여 사람이 무엇이기에 주께서 그를 알아주시며 인생이 무엇이기에 그를 생각하시나이까

나를 지으시고 알아주시며 생각하시는 하나님 아버지, 그 깊은 사랑 넓은 사랑 다 알지 못하고 살아가는 날이 너무나 많습니다.

하나님이 계획하심이 무엇인지 헤아릴 수 있는 지혜와 명철을 주셔서 어리석고 무지한 날들이 줄어들게 하시고, 세월을 아끼며 살게 인도하여주옵소서.

넓은 들판을 거닐며 자유롭게 평화를 누리게 하시고 시냇가의 정겨운 곳에서 안주하게 하시며, 때론 험한 산골짜기를 건너게도 하시며 저를 단련시키시고 담대하게 하시며 마침내 성숙에 이르도록 이끄심을 믿습니다.

주님의 이끄심에 순종하며 갈 길 다하도록 부지런하게 살게 하옵소서.

[시편 146장(전체)] 다윗의 찬송시

노래를 즐겨 부르지 않고 아는 노래도 없이 사는 나에게 찬송은 관심 밖이었습니다. 교회에서 찬송가를 부를 때 겨우 따라 부르는 정도였는데 오늘에서야 그것이 얼마나 미지근한 신앙이었는지 깨닫게 됩니다.

찬양은 '은혜받은 성도의 내적 고백'이라고 합니다. 그동안 큰 은혜를 누리며 살았으면서도 영적으로 어둠에 갇혀 살았고 무지했기에 하나님을 제대로 알지 못했습니다. 하나님의 위대하심은 말로 표현하기 어렵습니다.

온 우주를 창조하신 하나님은 사람과 만물, 시공간을 넘나드는 모든 것을 지으셨습니다. 그 속에서 특별히 나를 선택하시고 하나님을 믿게 하시며 구원해주셔서 살게 하시니 그 자체로도 찬양하기에 족합니다.

가족을 이루게 하시고 그 속에서 사랑을 배우고 느끼며 삶을 살아가게 하시니 감사합니다. 교회 공동체를 주시고 관계 맺게 하셔서 서로 은혜를 나누며 하나님 사랑의 통로, 축복의 통로가 되게 하시니 하나님을 찬양합니다.

인간을 의지하고 세상을 의지하며 세상 풍조를 따라 살던 저를 하나님께로 시선을 돌리게 하시고 인생의 후반을 재정비하게 하시며 말씀을 가까이하게 하시니 감사하고 감사합니다. 아멘.

[시편 149장(전체)] 다윗의 찬송시

할렐루야~ 하나님 아버지, 시편 149편까지 인도하시며 영혼을 돌보아주시니 영광 올려드립니다.

육체의 연약함으로 해야 할 일들을 해내지 못하고 감당할 소명과 책임을 완전하게 이루지 못했음에도, 하나님을 바라보며 기도하게 하시고 묵상하게 하심에 너무나 감사드립니다.

많은 날을 경건하게 살지 못했고 영적으로 민감하지 못했습니다. 하나님보다 자신을 더 마음의 중심에 두었고 가족과 이웃보다 나 자신을 더 소중히 여기며 이기적으로 살았음을 회개합니다.

앞으로 살아야 할 날들… 그 날들은 덜 이기적이고 덜 집착하며 그저 주님으로 평안한 삶을 살도록 동행하여주옵소서.

[시편 150:6] 호흡이 있는 자마다 여호와를 찬양할지어다 할렐루야

할렐루야~ 하나님 아버지를 찬양합니다.

성경 전체 중 제일 긴 시편을 끝까지 묵상하게 하시니 감사하고 찬양합니다.

묵상으로 하루를 시작하고 기도와 필사, 성경 강해를 듣게 하시니 바쁘고 설레는 하루하루였습니다.

기쁠 때나 슬플 때나 아플 때나 마음이 괴로울 때 항상 함께해 주시니 그 은혜 놀랍고 감격스럽습니다.

하나님의 존재만으로도 내 삶의 은혜가 되고 복된 날임을 고백하며 영광을 올려드립니다. 할렐루야~ 아멘!

엄마는 묵상 중입니다

초판 1쇄 발행 2023년 06월 26일

지은이 장향숙
펴낸이 류태연

편집 김수현
디자인 조연수

펴낸곳 렛츠북
주소 서울시 마포구 양화로11길 42, 3층(서교동)
등록 2015년 05월 15일 제2018-000065호
전화 070-4786-4823 | **팩스** 070-7610-2823
홈페이지 http://www.letsbook21.co.kr | **이메일** letsbook2@naver.com
블로그 https://blog.naver.com/letsbook2 | **인스타그램** @letsbook2

ISBN 979-11-6054-638-5 03230